Alexander Raskin
Als Papa zur Schule ging

Alexander Raskin

Als Papa zur Schule ging

Neue Erzählungen vom kleinen Papa

Bibliografische Information der Deutschen Nationalbibliothek:
Die Deutsche Nationalbibliothek verzeichnet diese Publikation in der Deutschen Nationalbibliografie; detaillierte bibliografische Daten sind im Internet über http://portal.dnb.de abrufbar.

ISBN 978-3-98527-530-4

aus dem Russischen ins Deutsche übersetzt von Andreas Biegel und Michael Schneidermann
Illustrationen und Layout: Elena Schneidermann

www.rediroma-verlag.de
10,95 Euro (D)

Inhalt

Vorwort des Autors

Liebe Kinder!

Ich möchte euch erzählen, wie dieses Buch geboren wurde. Hier ist seine Geschichte. Ich habe eine Tochter, Sascha. Jetzt ist sie schon ein großes Mädchen. Sie sagt jetzt selbst: „Als ich klein war...". Also, als Sascha ganz klein war, war sie oft krank. Mal hatte sie Grippe, mal Angina. Und dann taten ihr die Ohren weh. Wenn ihr einmal eine Mittelohrentzündung hattet, braucht man euch nicht zu erklären, wie schmerzhaft das ist. Und wenn ihr das nicht hattet, braucht man es auch nicht zu erklären – ihr würdet das sowieso nie verstehen.

Einmal tat Saschas Ohr so weh, dass sie den ganzen Tag weinte und kaum schlafen konnte. Ich hatte so großes Mitgefühl mit ihr, dass ich selbst fast weinte. Ich las ihr verschiedene Bücher vor und erzählte lustige Geschichten. Ich erzählte ihr auch, wie ich selbst klein war und einmal meinen neuen Ball unter ein Auto warf. Diese Geschichte gefiel Sascha sehr. Ihr gefiel es, dass ihr Papa auch einmal klein war, viele Streiche spielte, nicht gehorchte und auch bestraft wurde. Sie behielt das. Und später, sobald sie Ohrenschmerzen hatte, schrie sie sofort: „Papa, Papa, mein Ohr tut weh! Erzähl mir schnell, wie es war, als du klein warst!". Und ich erzählte ihr alles, was ihr jetzt lesen werdet. Ich wählte lustige Geschichten, denn ich musste das kranke Mädchen aufheitern. Auch versuchte ich meiner Tochter verständlich zu machen, wie schlecht es ist, gierig, prahlerisch und überheblich zu sein. Das bedeutet aber überhaupt nicht, dass ich mein ganzes Leben so war. Ich versuchte einfach, mich an solche Fälle zu erinnern. Und wenn sie mir nicht reichten, nahm ich sie von anderen mir bekannten Papas. Denn jeder von ihnen war auch irgendwann klein. Das heißt, dass diese Geschichten nicht von mir ausgedacht wurden, sondern wirklich passierten.

Jetzt ist Sascha groß geworden. Sie ist seltener krank und liest selbst große, dicke Bücher. Ich dachte aber, dass vielleicht auch andere Kinder sich dafür interessieren, wie ein Papa klein war.

Das ist alles, Kinder, was ich euch sagen wollte. Nein, noch eine Sache, die ich euch verrate. Dieses Buch hat eine Fortsetzung. Und sie wird für jeden von euch eure eigene sein. Denn jeder Papa kann davon erzählen, wie er klein war. Und jede Mama auch. Ich selbst würde sie gern hören. Nun, das ist jetzt alles. Auf Wiedersehen, Kinder! Ich wünsche euch Glück und Gesundheit.

Mit vollem Respekt, euer

Alexander Raskin

Als Papa zur Schule ging

Als Papa zu spät kam

Als Papa klein war, ging er wie alle anderen Kinder zur Schule.

Alle Kinder kamen pünktlich zur ersten Unterrichtsstunde. Doch der kleine Papa kam immer zu spät. Manchmal kam er sogar zu spät zur zweiten Stunde. Das überraschte die Lehrerin sehr. Sie sagte, einen solchen Jungen gab es an ihrer Schule noch nie. Und der Schulleiter sagte, dass es einen solchen Jungen vielleicht auch an anderen Schulen noch nie gab.

„Dieser Junge ist so unpünktlich, dass man die Uhr danach stellen kann", sagte der Direktor. „Und selbst seine Eltern können bei ihm nichts machen. Ich habe sie zweimal einbestellt."

Und tatsächlich konnten die Eltern beim kleinen Papa nichts erreichen. Jeden Abend wiederholte sich die gleiche Geschichte.

„Hast du deine Hausaufgaben gemacht?", fragte Oma.

„Sofort…", antwortete der kleine Papa.

„Hör auf zu lesen und mach deine Hausaufgaben!", sagte Opa.

„Gleich", sagte Papa, „ich lese nur noch die Seite zu Ende."

Der kleine Papa beendete eine Seite und begann mit der nächsten. Er konnte es nicht über sich bringen, das interessante Buch liegen zu lassen und sich an die langweiligen Hausaufgaben zu setzen.

„Lass das Buch liegen!"

„Sofort…"

„Lass das Buch liegen!"

„Gleich…"

Schließlich platzte Opa und Oma der Geduldsfaden.

Sie entrissen dem kleinen Papa das Buch.

„Du wirst noch ein richtiger Faulpelz!", sagten sie.

Da war der kleine Papa zutiefst beleidigt. Er weinte lange und wollte sein Buch zurück. Er sagte, dass er sich nicht wieder an seine Hausaufgaben setzen würde, wenn er nicht das Buch zurückbekommt.

So verging unmerklich der Abend. Als der kleine Papa sich endlich an die Hausaufgaben setzte, schlief er schnell ein. Er wurde geweckt. Er schlief wieder ein. Er wurde erneut geweckt. Er schlief trotzdem ein. Man weckte ihn dennoch auf. Und er machte seine Hausaufgaben in einer Art Halbschlaf. So verging unmerklich ein Teil der Nacht. Schließlich schliefen auch Opa und Oma selbst erschöpft ein.

Am nächsten Morgen begann eine neue Geschichte.

„Aufstehen!", sagte Oma.

„Gleich...", murmelte der kleine Papa.

„Aufstehen!", rief Opa.

„Sofort..."

„Steh auf!"

„Sofort"

„Du kommst zu spät!"

„Gleich..."

„Du bist schon zu spät dran..."

„Sofort..."

Jeder weiß, wie schwer es ist, morgens früh aufzustehen, wenn man abends spät ins Bett gegangen ist. Um diese Zeit schläft es sich am besten. Vor allem, wenn man zur Schule gehen muss.

Während der kleine Papa langsam aufstand, sich in aller Ruhe anzog, sich langsam wusch, gemächlich seinen Tee trank und langsam seine Hefte zusammensuchte, verging sehr viel Zeit. Und so rannte er zur Schule und schaute mit Schrecken auf alle Uhren entlang seines Weges.

Als der kleine Papa keuchend ins Klassenzimmer rannte, brachen alle Schüler in lautes Gelächter aus. Sogar die Lehrerin lachte.

„Ah, da ist unser kleiner Zuspätkommer!",

sagte sie. Und das war sehr beleidigend.

In der Wandzeitung der Schule war der kleine Papa abgebildet, wie er tief und fest in seinem Bett schlief. Daneben waren seine Eltern gezeichnet. Sie übergossen ihn aus zwei Eimern gleichzeitig mit kaltem Wasser. Ein riesiger Wecker zog dem kleinen Papa am Ohr. Und ein Junge mit einem Rohr blies ihm direkt ins andere Ohr. Das Ganze nannte sich „Schlaf, mein Kind". Und das war auch sehr verletzend. Aber der kleine Papa kam trotzdem weiter zu spät.

Der kleine Papa machte seine Hausaufgaben in letzter Minute und deshalb nicht besonders gut. Da er zu spät zur Schule kam, verpasste er die Erklärungen der Lehrer, und das hinderte ihn daran, gut zu lernen.

Außerdem hatte er es immer eilig, war spät dran und regte sich auf. Und das war schlecht für seinen Charakter. Aber er kam trotzdem weiter zu spät.

Ich würde gerne erzählen, wie die Eltern des kleinen Papas endlich eine Lösung gefunden haben und er nicht mehr zu spät kommt. Auch würde ich gerne erzählen, wie die Lehrer und Schüler den kleinen Papa so sehr auslachten, dass er eines Tages früher als alle zur Schule gekommen war und seitdem nie mehr zu spät kam.

Aber ich möchte nicht die Unwahrheit sagen.

Der kleine Papa ist sein ganzes Leben lang zu spät gekommen. Er kam zu spät zur Schule. Er kam zu spät zur Hochschule. Und er kam auch zu spät zur Arbeit. Überall lachte man über ihn. Er wurde bestraft, beschimpft und bloßgestellt. Und wegen dieser unglücklichen Angewohnheit verlor er viel im Leben. Er kam zu spät ins Theater und verpasste den Anfang des Stücks. Er kam zu spät zu Besuch, weshalb man sich gekränkt fühlte, und manchmal bat man ihn sogar, überhaupt nicht mehr zu kommen. Er kam wegen irgendeiner Sache und verdarb sie durch seine Unpünktlichkeit.

Und wie oft hat er das neue Jahr auf einer leeren Straße begrüßt, weil er zu spät kam, um seine Freunde zu treffen! Wie viele Menschen hat er enttäuscht!

Wie viele lustige und beleidigende Geschichten seine Bekannten gerne über ihn erzählen... Bis heute kann der kleine Papa nicht gelassen die Straße entlang gehen. Er ist immer in Eile. Er ist es gewohnt, sich ständig zu verspäten. Und selbst nachts träumt er, dass er wieder irgendwohin zu spät kommt. Und er zittert und stöhnt im Schlaf. Manchmal träumt er, dass er wieder klein ist, in die Schule läuft und fröhlich auf seine Uhr schaut. „Es ist doch noch früh!" Er träumt, dass er mal nicht zu spät kommt. Alle gratulieren ihm. Der Schulleiter überreicht ihm Blumen. Sein Porträt wird in der Schulaula aufgehängt. Das Orchester spielt einen Tusch. Und dann wacht er immer auf. Und es scheint ihm, dass er nun nicht mehr zu spät zur Schule kommt. Aber das bildet er sich nur ein.

Als Papa ins Kino ging

Als Papa klein war, durfte er lange Zeit nicht ins Kino gehen. Man sagte ihm: „Dafür bist du noch zu klein… Du hast noch Zeit. Dort gibt es nichts Gutes". Das sagten Opa und Oma. Und seine Tante ergänzte: „Überhaupt ist Kino eine reine Infektion. Reine Masern, reiner Scharlach, reiner Keuchhusten … Von Diphtherie ganz zu schweigen…"

Danach sprach die Tante sehr lange über Diphtherie. Vergeblich bettelte und flehte der kleine Papa, ihn ins Kino zu lassen. Vergeblich sagte er, dass alle seine Schulkameraden schon ins Kino gehen und niemand von ihnen Masern, Scharlach und Keuchhusten hat, von Diphtherie ganz zu schweigen. Man antwortete ihm immer dasselbe:

„Wenn du in die Schule kommst, spielt das keine Rolle mehr. Dann kann man dich nicht mehr schützen. Dann geh ins Kino, so viel wie du willst."

Es kam vor, dass andere Kinder dem kleinen Papa Filme vorspielten. Die Kinder zeigten ihm, wie Douglas Fairbanks im berühmten Film „Das Zeichen des Zorro" springt, wie er wunderbar Degen ficht, wie er mit einer schwarzen Maske erscheint und alle Feinde besiegt. Die Kinder stellten Charlie Chaplin mit seinem Spazierstock dar, auch den komischen Igor Iljinskij, den langen dünnen Pat und den kleinen dicken Patachon. Sie bemühten sich mit aller Kraft und machten alles, was sie konnten. Sie ritten aufeinander, als sie den berühmten Cowboy William Hurt nachspielten.

Der kleine Papa hörte, wie Erwachsene über das Lächeln von Mary Pickford sagten: „Das ist entzückend!"

„Was für ein Lächeln hat sie denn?", fragte Papa bei seinen Freunden. Einer von ihnen begann ihm zu zeigen, wie Mary Pickford im Film „Wenn der

Schnee auftaut“ lächelt. Er bemühte sich so sehr, dass alle Kinder sagten, dass er sogar besser als Mary Pickford lächelt. Vor allem, weil sie schon viele Jahre lächelt und dafür bezahlt wird. Und er lächelt erst zwei Tage und arbeitet umsonst, für seinen Schulkameraden.

Der kleine Papa verstand, dass die Kinder ihm helfen wollten. Aber von all dem wollte er nur noch mehr ins Kino.

Und dieser Tag trat ein. Der kleine Papa kam in die Schule. Am ersten Sonntag ging seine ganze Klasse zusammen mit der Lehrerin ins Kino, in eine Kindervorführung. Der Film hieß „Die roten Teufelchen“. Der kleine Papa hatte das gleichnamige Buch gelesen. Und er wollte die jungen Spähkämpfer sehen, auch den bösen Atamanen namens Machno und die erstaunlichen Ereignisse dieser spannenden Erzählung.

Das Kino lag sehr nah am Haus des kleinen Papas. Und das wusste sogar der kleine Onkel Witja, der jüngere Bruder vom kleinen Papa. Deshalb lief er noch früher als der kleine Papa zum Kino. Er schaffte es, die ganze Klasse kennenzulernen und sogar der Lehrerin zu gefallen. Als der kleine Papa seinen jüngeren Bruder sah, sagte er nichts. Schweigend griff er ihn am Ohr und wollte ihn nach Hause führen. Der kleine Onkel Witja brach so stark in Tränen aus, dass er drei Pralinen gleichzeitig aus dem Mund fallen ließ. Es war so, dass die Mädchen aus Papas Klasse ihm von allen Seiten etwas anboten. Und der kleine Onkel Witja war ein sehr höflicher Junge. Wenn man ihm Konfekt gab, lehnte er nie ab. Onkel Witja weinte so laut, dass die ganze Klasse sich für ihn einsetzte. Sogar die Lehrerin sagte: „Lass ihn mit uns gehen, ich übernehme die Verantwortung für alles.“

Als der kleine Papa das hörte, ließ er vom Ohr seines Bruders ab. Dann gingen alle ins Kino hinein. Die Klingel ertönte. Und die Plätze für die Kindervorführung waren nicht nummeriert. Alle Kinder, sowohl gut organisierte

als auch nicht so gut organisierte, stürzten von allen Seiten in den Kinosaal. Allen voraus sprang der glückliche kleine Onkel Witja wie ein Hase. Natürlich stolperte er und fiel hin. Hinter ihm lief der kleine Papa. Er stürzte auf seinen kleinen Bruder und fiel auf ihn. Die ganze Klasse, die gut organisiert hinter den Brüdern herlief, stürzte gut organisiert auf sie. Das war sehr schwer. Besonders für jene, die sich unten befanden. Der kleine Onkel Witja, der wie ein Hase sprang, schrie jetzt wie ein Hase, wenn ihn ein Hund ergreift. Dann schrie auch der kleine Papa. Jetzt liefen die Lehrerin und noch zwei Lehrer aus anderen Schulen herbei. Sie stoppten die Menge. Sie hoben den kleinen Papa und den Onkel Witja auf. Sowohl Papa als auch sein Onkel waren voller Kratzer und blauer Flecken. Man schickte sie deswegen sofort als Geschädigte nach Hause. Als die Tante die Kratzer und blauen Flecken sah, rief sie mit Freude: „Ich habe es doch gesagt!"

Nach diesem Vorfall wurde Papa noch eine lange Zeit nicht ins Kino gelassen. Aber danach wurde er doch noch gelassen. Er sah dann „Die roten Teufelchen" und viele andere Filme. Bis heute mag er Kino sehr. Und Onkel Witja auch.

Als Papa von den Mädchen geärgert wurde

Als Papa ein kleiner Junge war und in die Schule kam, konnte man oft dieses Bild sehen: Die Pause ist vorbei. Die Glocke läutet. Alle Korridore leeren sich. Alle Schüler sitzen auf ihren Plätzen. Und nur ein kleiner Papa steht an der Tür des Klassenzimmers und weint bitterlich. Er weint, und alle in der Klasse lachen. Und wenn die Lehrerin ins Klassenzimmer kommt und dieses Bild sieht, versteht sie sofort alles.

„Na, Junge“, sagt sie mit einem Lächeln, „ärgern dich die Mädchen wieder?“

Und der kleine Papa, der bitterlich weint, nickt mit dem Kopf.

Warum also ärgerten die Mädchen den kleinen Papa? Und wie machten sie das? Ganz einfach. Als alle aus der Pause kamen, besetzten die Mädchen die Schulbank vom kleinen Papa. Drei oder sogar vier Mädchen saßen auf seiner Schulbank, lachten laut und schauten den kleinen Papa an. Der war ein sehr ruhiger und schüchterner Junge. Es gab nur ein einziges Mädchen, das er bis zur Schule kannte – Mascha. Und im Allgemeinen versuchte er, sich von Mädchen fernzuhalten. Die Mädchen merkten das. Und fingen an, ihn zu ärgern. So entwickelte sich das alles.

Wenn man nur neben einem Mädchen sitzt, kann man das noch aushalten. Aber wenn man vier Mädchen auf seinem Platz sitzen hat, die sich kaputtlachen, ist das eine ganz andere Sache. Und wenn dann die ganze Klasse mitlacht, ist es unmöglich, das auszuhalten. Der kleine Papa rannte aus dem Klassenzimmer und weinte bitterlich hinter der Tür. Und für die Klasse war es natürlich sehr lustig, all das zu sehen.

Die anderen Jungen sagten zum kleinen Papa:
„Was guckst du sie an? Entferne sie von deiner Schulbank. Jage dieses Mädchen weg! Ja, mach es so, dass es sich daran erinnern wird."

Und sie schubsten das Mädchen weg, das lauter als die anderen lachte und den kleinen Papa am meisten ärgerte. Es war ein sehr munteres und sympathisches Mädchen. Es scheint, ihr Name war Tamara. Oder Galja. Mit einem Wort, entweder Vera oder Lucia. Aber am ehesten Walja. Und sie verstand wahrscheinlich sehr gut, dass sie dem kleinen Papa mehr gefiel als jedes andere Mädchen in der Klasse. Mädchen verstehen das immer. Vielleicht lachte sie deswegen so laut. Sie lachte und der kleine Papa weinte.

Schließlich reichte all das der Lehrerin. Und eines Tages, als sie mit dem schluchzenden kleinen Papa das Klassenzimmer betrat, sagte sie:
„In der Klasse gibt es sechzehn Mädchen und achtzehn Jungen. Sechzehn Mädchen hänseln denselben Jungen. Die Frage ist: Warum ärgern sie nicht die anderen siebzehn? Wer kann dieses Problem lösen?"

Die ganze Klasse lachte.

Dann wiederholte die Lehrerin:
„Warum wird nur dieser eine Junge geärgert? Ich frage das ganz im Ernst. Und ich bitte euch, mir zu antworten."
Dann waren alle still. Nur die Mädchen kicherten leise. Ein Junge hob seine Hand und sagte:
„Es ist, weil er weint."

„Das ist absolut richtig!", sagte die Lehrerin unter allgemeinem Gelächter. „Schließlich haben wir uns schon vor langer Zeit darauf geeinigt, dass es besser ist, zu lachen als zu weinen. Erinnerst du dich daran?", fragte sie den kleinen Papa.

Und der weinte und sagte:

„Ich erinnere mich…“

„Sieh, das darfst du nicht vergessen“, sagte die Lehrerin, „sonst werden dich die Mädchen dein ganzes Leben lang ärgern…“

Der kleine Papa wollte das ganz und gar nicht. Und als sich die Mädchen das nächste Mal auf seine Schulbank setzten und zu lachen begannen, weinte er nicht mehr. Er ging einfach hin und setzte sich auf den Platz des Mädchens, das ihm so sehr gefiel. Und dann fingen alle an, über dieses Mädchen zu lachen. Es hat natürlich nicht geweint, aber aufgehört zu lachen. Von da an hörten die Mädchen auf, den kleinen Papa zu ärgern. Sie haben sich sogar mit ihm angefreundet. Und sein ganzes Leben lang ärgerten ihn nur noch Jungen. Aber Jungen ärgern jeden. Deshalb sind sie ja Jungen.

Als Papa einen Tiger jagte

Als Papa klein war und in die Schule ging, jagte er einmal einen Tiger. Der Tiger war auch klein. Obwohl er nicht in die Schule ging, lebte er auf dem Schulhof. So geschah das alles.

Eines Tages im Frühjahr, nach dem Unterricht, saßen der kleine Papa und seine Schulkameraden auf dem Schulhof und wärmten sich in der Sonne auf. In der Sonne war es gut. Die Kinder sprachen, wie alle Kinder auf der Welt: gleichzeitig über alles. Sie sprachen über Fußball, über das morgige Diktat, über die gestrige Schlägerei, über den Film „Der Dieb aus Bagdad", auch darüber, wer welches Eis mag, wer ins Pionierlager fahren und wer sich auf der Datscha mit den Eltern langweilen wird. Während alle sprachen, las der kleine Papa ein Buch. Ich erinnere mich nicht daran, was er las. Wahrscheinlich etwas von Mayne Reid oder Gustave Aimard. Oder vielleicht etwas von Jules Verne*. Und als alle schwiegen, sagte der kleine Papa plötzlich:

„Ah, wie gut wäre es, einen Tiger zu jagen."

Dann lachten alle. Aber Micha Gorbunow, den alle Gorbuschka nannten, schrie laut:

„Dann bin ich der Jäger!"

Und alle Kinder schrien:

„Ich auch! Ich auch!"

Dann schrie eines der Kinder:

„Wir alle, die ganze Klasse!"

---

* Bekannte Autoren von Abenteuerromanen

Und alle schrien:
„Die ganze Klasse!“
Mischa Gorbunow fragte:

„Und wie jagt man einen Tiger?“

„Ganz einfach“, antwortete der kleine Papa. „Man setzt sich auf Elefanten und reitet in den Dschungel. Das ist so ein tropischer Wald, sehr dicht. Dort gibt es Affen, Bananen, Lianen...“
„Schamanen, Kannen, Fahnen“, griff Gorbuscka auf, „Sprich über den Tiger.“ „Ich spreche doch gerade über den Tiger. Der Tiger versteckt sich in diesem Dschungel. Dann springt er auf und stürzt auf den Elefanten. Man schießt auf den Tiger. Der Elefant greift ihn mit dem Rüssel, wirft ihn auf den Boden und tritt ihn mit seinem Fuß. Hier, schaut! Hier ist alles gezeichnet.“

Alle Kinder schauten lange auf das Bild im Buch. Dann sagte Gorbuschka: „Also, du, du, du, du und du, ihr werdet Elefanten. Ich, er, er und er werden Jäger. Unser Hof ist der Dschungel. Statt des Gewehrs nimmt jeder Jäger einen Stock. Einverstanden? Jetzt setzen wir uns auf die Elefanten und reiten los. Und da ist gerade der Tiger. Schaut mal, wie gestreift er ist!
„Das ist aber ein Kätzchen“, sagte der kleine Papa.
„Schweig! Du verstehst nichts! Hört auf meinen Befehl! Elefanten, vorwärts!“

Der kleine Papa wurde ein Jäger. Auf seinem Elefanten sitzend, sah er, wie das gestreifte Kätzchen mit Bewunderung auf Elefanten und Jäger schaute. Es versuchte noch nicht einmal, wegzulaufen, so verdutzt war es. Jetzt befahl Gorbuschka:

„Feuer!"

Auf das Kätzchen prasselte ein Hagel von Stöcken und Steinen ein. Der kleine Papa konnte sich nicht zurückhalten und warf auch seinen Stock, aber er traf nicht. Das Kätzchen hatte Angst und lief davon. Aber jemands Stein schlug auf seinen Kopf. Das Kätzchen miaute und fiel auf den Boden. Es zuckte zwei Mal und wurde ganz still.

„Der Tiger ist tot!", schrie Gorbuschka.

Jemand von Kindern schrie aber: „Das Kätzchen ist halt tot!..."

Alle liefen herbei, um das Kätzchen zu sehen.

Es lag dort – klein, ruhig, gestreift. Es lag und bewegte sich nicht. Plötzlich verstand der kleine Papa, dass das Kätzchen lebendig gewesen war. Und jetzt war es tot. Nie mehr wird es springen, laufen, mit anderen Kätzchen spielen, nie wird es ein großer, erwachsener Kater. Es wird nie mehr Mäuse fangen und auf dem Dach miauen. Es wird gar nichts mehr tun. Vieleicht wollte er nicht Tigerjagd spielen. Aber niemand hatte ihn danach gefragt. Die Kinder standen neben dem Kätzchen und schwiegen. Sogar Gorbuschka schwieg. Plötzlich weinte jemand und schrie auf:

„Oh, mein Kätzchen, mein Kätzchen..." So weinte ein kleines Mädchen mit einem großen blauen Band.

Sie hob das Kätzchen auf und trug es fort ins Haus. Und die Kinder gingen auseinander und schauten sich nicht mehr an.

Seitdem tat der kleine Papa nie einer Katze etwas an, noch einem Hund, noch anderen Tieren. Und bis heute tut ihm dieses Kätzchen leid.

Als Papa zeichnete

Als Papa klein war, zeichnete er gerne. Als er Buntstifte geschenkt bekam, zeichnete er ganze Tage lang. Er zeichnete Häuser. Jedes Haus hatte einen Schornstein. Aus jedem Schornstein kam Rauch. Neben jedem Haus stand ein Baum. Auf jedem Baum saß ein Vogel. Die Häuser waren rot, ihre Dächer gelb. Die Schornsteine waren alle schwarz. Der Rauch, der aus den Schornsteinen kam, war rosa und blau. Die Bäume waren dunkelblau und die Vögel grün. Am violetten Himmel strahlte die goldene Sonne. Daneben schwebte der silberne Mond, umgeben von goldenen und silbernen Sternen. Das war ein sehr schönes Bild. Aber jeder Mensch, der es sah, fragte dasselbe:
„Wo hast du dunkelblaue Bäume und grüne Vögel gesehen?"
Und der kleine Papa antwortete allen dasselbe:
„Hier auf diesem Bild."

Solange der kleine Papa nicht zur Schule ging, dachte er, dass er sehr gut zeichnen kann. Aber in der Schule lachten ihn im Kunstunterricht alle aus. Er zeichnete so schlecht, dass der Kunstlehrer nichts zu ihm sagte. Zu den anderen Kindern sagte er: „Gut!" oder „Schlecht" oder „Verbessere hier".

Er sagte zum kleinen Papa noch nicht einmal „Schlecht". Als der Kunstlehrer die Zeichnungen des kleinen Papas sah, fasste er sich schweigend an den Kopf. Und er hatte einen Gesichtsausdruck, als ob er eine große saure Zitrone ohne Zucker isst. Versucht selbst mal, so eine Zitrone mit Schale zu essen und euch im Spiegel anzuschauen. Das war genau das Gesicht, das dieser Kunstlehrer bekam.

Einigen Mädchen tat der kleine Papa leid. Als der Lehrer sich abwandte, zeichneten sie schnell etwas in Papas Heft. Die Mädchen versuchten, so schlecht wie möglich zu zeichnen. Aber so schlecht zu zeichnen wie der kleine Papa, gelang niemandem. Und der Lehrer bemerkte sofort die Zeichnung eines anderen. Dann sagte er zum kleinen Papa:

„Wer hat das gezeichnet?“

Und der kleine Papa antwortete ehrlich:

„Nicht ich...“

„Das sehe ich“, sagte der Lehrer. „Aber ich möchte wissen, wer dir geholfen hat. Denn so wirst du nie zeichnen lernen. Du musst alles selbst machen.“

„Ich zeichne jetzt selbst“, sagte der kleine Papa. Und er zeichnete. Und der Lehrer fasste sich wieder an den Kopf.

„Aber jetzt sehe ich, dass du es bist“, sagte er.

Als ein Elternabend stattfand, hielt der Kunstlehrer folgende Rede: „Genossinnen und Genossen Eltern! In dieser Klasse gibt es fünf Schüler, die in meinem Fach ausgezeichnet mitkommen.“

Und er nannte die Namen.

„Die Mehrzahl der Kinder schneidet zufriedenstellend ab. Es gibt aber eine kleine Gruppe von Nachzüglern.“

Er nannte drei weitere Namen. Dann sagte der Kunstlehrer:

„Und es gibt noch einen Jungen...“ Dann fasste er sich an den Kopf, machte ein saures Gesicht und nannte den Namen des kleinen Papas. „Dieser Junge ist nicht einfach ein Nachzügler“, sagte der Kunstlehrer. „Meines Erachtens leidet er an irgendeiner Krankheit, die ihn beim Zeichnen stört.“ Er fasste sich wieder an den Kopf.

Die Großeltern waren sehr verärgert, als sie so etwas über ihr Kind erfuhren. Aber es war die reine Wahrheit. Der kleine Papa beendete die Schule. Dann beendete er die Technikschule und dann die Hochschule. In all dieser Zeit lernte er nur, eine Katze zu zeichnen. Doch das kann jedes Kind. Sogar Vorschulkinder können eine Katze zeichnen. Und Papa beneidet sie sehr, weil ihnen Katzen weitaus besser gelingen als ihm. Allerdings hat Papa schon einen Künstler gesehen, der genauso schlecht zeichnete wie er. Aber der sagte dazu: „Ich sehe dieses Gesicht, diesen Baum, dieses Pferd so..."

Wie schade, dass der kleine Papa damals nicht darauf kam, genau das seinem Kunstlehrer zu sagen. Wie hätte der sich an den Kopf gefasst!

Als Papa seine Lehrerin belog

Als Papa klein war und in die Schule ging, mochte er seine Lehrerin sehr. Und alle Kinder mochten sie. Sie war groß, nicht schön und trug nur dunkle Kleider. Es waren die Erwachsenen, die sagten, dass sie nicht schön ist. Dem kleinen Papa schien sie sehr schön. Und sie hieß so: Afanasija Nikiforowna. Sie war lustig und streng zugleich. Am wichtigsten allerdings war, dass sie sehr gerecht war. Alle Kinder wussten: Wenn Afanasija Nikiforowna sich über sie ärgert, bedeutet das, dass sie schuld daran sind. Nie ärgerte sie sich umsonst über Kinder. Sie hatte auch keine Lieblinge. Sie mochte alle ihre Schüler. Und über jeden konnte sie sich ärgern, der nicht artig war oder die Hausaufgaben nicht gemacht hatte. Alle Kinder wussten, dass Afanasija Nikiforowna schon seit zwanzig Jahren in dieser Schule arbeitete. Und alle wussten, dass sie Angeber, Knauser und Petzen nicht mag.

Im Unterricht von Afanasija Nikiforowna war es immer sehr interessant. Deshalb saßen alle ruhig und hörten zu. Einmal wurde der kleine Papa mit einer Stecknadel in den Rücken gestochen. Es tat ihm sehr weh. Er schrie:

„Au!“

Die Lehrerin fragte:

„Was soll das bedeuten? Warum störst du uns?“

Der kleine Papa schwieg.

Die Lehrerin sagte:

„Verlasse die Klasse.“

Der kleine Papa stand auf und ging zur Tür. Jetzt schrien zwei Mädchen auf. Sie schrien:

„Saitschikow hat ihn gestochen!"

Afanasija Nikiforowna sagte dann:

„Derjenige soll die Klasse verlassen, der geschrien, zugestochen oder gepetzt hat. Sage ich das richtig?"

Alle schrien auf:

„Richtig!"

Die Mädchen verließen die Klasse zusammen mit dem kleinen Papa und Saitschikow. Der kleine Papa ging und weinte. Es kränkte ihn, dass er zuerst gestochen und dann hinausgeworfen wurde. Saitschikow ging und lachte über die Mädchen und den kleinen Papa. Aber man konnte sehen, dass es für ihn nicht so lustig war. Die Mädchen lachten nicht und weinten nicht, aber sie waren auch gekränkt.

Am nächsten Tag kam der kleine Papa mit einem großen Nagel in die Schule. Und als Afanasija Nikiforowna sich mit dem Rücken zu den Schülern drehte und begann, etwas auf der Tafel zu schreiben, nahm der kleine Papa seinen Nagel und stach Saitschikow in den Arm. Saitschikow heulte so laut, dass der kleine Papa sogar erschrak. Afanasija Nikiforowna wurde sehr böse.

„Wieder Saitschikow?", sagte sie.

„Das bin nicht ich... man hat mich...", stöhnte Saitschikow auf und hielt sich den Arm.

„Ah, gestern du und heute dich? Sehr interessant. Wer hat denn Saitschikow gestochen?"

Alle schauten auf den kleinen Papa. Aber alle schwiegen. Niemand wollte petzen. Sogar Saitschikow schwieg und schluchzte nur leise auf.

„Wer war denn das?", fragte Afanasija Nikiforowna mit ihrer allerärgerlichsten Stimme. Der kleine Papa hatte so große Angst, dass er

plötzlich sagte:
„Ich habe ihn nicht gestochen…“
Dann fragte Afanasija Nikiforowna:
„Womit hast du ihn denn nicht gestochen?“
Und der kleine Papa antwortete sofort:
„Mit diesem Nagel.“

Jetzt lachten alle so laut auf, dass der Lehrer aus der benachbarten Klasse herbeilief. Er fragte:
„Afanasija Nikiforowna, worüber freuen Sie sich so sehr?“
„Wir freuen uns darüber“, sagte Afanasija Nikiforowna, „dass ein Junge einen anderen mit diesem Nagel nicht gestochen hat, der andere nicht geschrien hat und die ganze Klasse nicht gepetzt hat. Und niemand hat seine alte Lehrerin angelogen.“

Das war jetzt allen Kindern sehr peinlich. Alle begannen ärgerlich auf den kleinen Papa zu schauen. Und der stand auf und sagte:
„Gestern wurde ich gestochen und ich habe geschrien. Heute habe ich ihn selbst gestochen, und er hat geschrien. Und ich habe gelogen.“
Jetzt schwieg der kleine Papa kurz und sagte:
„Ich mache so etwas nicht mehr, Afanasija Nikiforowna.“
„Und ich auch nicht“, sagte Saitschikow, aber er drohte Papa mit der Faust, und niemand glaubte ihm.
Afanasija Nikiforowna sagte: „Lügen ist am schlimmsten.“
Und der kleine Papa log sie nie mehr an.
Fast nie.

Als Papa die Straßenbahn anhielt

A Als Papa klein war und zur Schule ging, freundete er sich mit einem Jungen an. Dieser Junge hieß Mischa Gorbunow. Aber niemand in der Klasse, außer den Lehrern, nannte ihn so. Die Kinder nannten ihn einfach Gorbuschka.

Dieser war ein sehr ungezogener Junge. In den Pausen versammelte sich immer eine große Menschenmenge um ihn. Alle interessierten sich dafür, wie Gorbuschka miaut, bellt, wie eine Biene summt und wie ein Schwein grunzt. Er konnte besonders gut wie ein Hahn krähen. Das war eine ganze Vorstellung. Zuerst zeigte er, wie ein junger Hahn zu krähen versuchte, was ihm aber nicht gelang. Es kam „Kike“ heraus, aber kein „Riki“. Dann flog der Hahn auf den Zaun, krähte zum ersten Mal in seinem Leben und schlug stolz mit den Flügeln. Da zog Gorbuschka sein Hemd hoch und klatschte mit der Hand auf seinen nackten Bauch. Das sah sehr echt aus. Aber die Pause, selbst die große, war zu kurz für alle Talente von Gorbuschka. Und dann schnurrte manchmal im Unterricht eine Katze und es grunzte ein kleines Ferkel.

„Mischa Gorbunow!“, sagte die Lehrerin. „Hör auf zu grunzen und zu miauen! Wag es nicht zu gackern, Mischa! Ich sage, du sollst nicht bellen! Wie lange willst du noch schnattern? Zwitscherst du schon wieder? Pass auf, wenn du weiter summst, werfe ich dich aus der Klasse.“

Aber Mischa wurde selten aus der Klasse geworfen. Die Lehrerin mochte Gorbuschka sehr und lachte oft selbst über seine Streiche. Und sogar der

Schulleiter konnte nicht anders und lachte vor allen. Er rief Mischa zu sich ins Büro und schimpfte lange mit ihm wegen seiner Streiche. Und dann sagte er:

„Geh, und setz nie wieder einen Fuß hierher!"

Dann stellte sich Mischa auf die Hände und verließ das Büro auf seinen Händen. Danach rief der Schulleiter Mischas Eltern in sein Büro, aber alle sahen, wie er lachte.

Und genau dieser Mischa Gorbunow sagte eines Tages nach dem Unterricht:

„Kinder, wollt ihr, dass ich eine Straßenbahn anhalte?"

Natürlich riefen alle:

„Das wollen wir!"

„Los geht's!", sagte Gorbuschka.

Und alle Kinder folgten ihm auf die Straße. Die Straßenbahnlinie lag ganz in der Nähe der Schule.

„Ihr bleibt hier und schaut zu", sagte Gorbuschka.

Als die Straßenbahn in der Ferne auftauchte, legte sich Gorbuschka auf die Gleise und bedeckte seinen Kopf mit den Händen. Die Straßenbahn fuhr sehr schnell. Als der Straßenbahnfahrer den Jungen auf dem Gleis sah, klingelte er mit aller Kraft. Gorbuschka lag regungslos da. Die Straßenbahn kam immer näher und klingelte lauter und lauter. Die Kinder erstarrten. Dann kam die Straßenbahn ganz nah heran und hielt an. Sobald die Klingel verstummte, sprang Gorbuschka auf und rannte in Richtung einer Gasse. Der Straßenbahnfahrer schaffte es nur, ihm die Faust zu zeigen. Die Straßenbahn fuhr weiter. Alle Kinder umgaben Gorbuschka.

„War es schrecklich?", fragten sie.

„Wovor sollte ich mich fürchten?", sagte Gorbuschka.

„Was ist, wenn er nicht bremst?“
„Er wird dafür geradestehen müssen.“
„Und wenn er dich fängt?“
„Er hat kein Recht, den Waggon zu verlassen.“
Man konnte sehen, dass Gorbuschka an alles gedacht hatte.

Am nächsten Tag wurde die Straßenbahn von Kolja Stepanow angehalten. Dann von Kostja Fedotow. Dann von den Sikorskij-Brüdern. Dann lud jemand die Mädchen zum Zuschauen ein. Und das stürzte den kleinen Papa ins Verderben. Es kam der Tag, an dem alle Jungen außer ihm schon die Straßenbahn angehalten hatten. Und alle Mädchen wussten das. Übrigbleiben durfte er nicht. Als man in der Schule erfuhr, dass der kleine Papa sich heute auf die Gleise legt, kamen sogar die Mädchen aus den anderen Klassen. Denn der kleine Papa war ein stiller Junge. Und alle waren neugierig, wie er die Straßenbahn anhalten würde.

Es versammelte sich eine so große Menschenmenge, dass der Straßenbahnfahrer diese schon von weitem sah. Und als der kleine Papa sich auf die Gleise legte und dabei die Augen schloss und sich die Ohren zuhielt, stoppte der Straßenbahnfahrer in aller Ruhe die Straßenbahn und stürzte auf den kleinen Papa zu.

Dem kleinen Papa schien, dass die Straßenbahn nicht bremste und in ihn hineinfuhr. Er erkannte nicht sofort, dass es der Straßenbahnfahrer war, der ihn am Kragen packte und schrie:
„Endlich habe ich dich erwischt!“

Alle Kinder liefen vor Angst auseinander. Und nur Mischa Gorbunow schrie aus der Gasse:
„Dazu haben Sie kein Recht!“
Aber niemand hörte ihn.

Der kleine Papa wurde zur Polizei geführt. Man schrieb dort seine Adresse auf. Dann wurden sein Opa, seine Oma und der Schulleiter zur Polizei gerufen. Dann wurde der kleine Papa zu Hause bestraft und in der Schule bloßgestellt. Man schrieb in der Wandzeitung etwas über ihn. Sowohl der Schulleiter als auch Opa und Oma dachten, dass der kleine Papa der Einzige war, der sich auf die Schienen gelegt hatte. Der kleine Papa wollte unbedingt sagen, dass auch Gorbuschka, Kolja Stepanow, Kostja Fedotow und die Sikorskij-Brüder die Straßenbahn angehalten hatten. Aber er sagte das trotzdem nicht.

Und noch lange wurde der kleine Papa an diese Geschichte erinnert. Aber das Bedauerlichste war, dass alle Jungen und Mädchen über ihn lachten. Denn er war der Einzige, der gefasst wurde. Und sogar Gorbuschka sagte zu ihm:

„Was du nicht kannst, das tue nicht!"

Seitdem legte sich niemand mehr auf die Schienen. Und jetzt ist Papa sehr froh, dass er damals vom Straßenbahnfahrer erwischt wurde. Zumindest wurde niemand von einer Straßenbahn überfahren. Das ist doch einfach ein Wunder!

Als Papa eine Schlange tötete

Als Papa klein war und in die Schule ging, tötete er unerwartet eine Schlange. Das geschah so. Eines Tages sagte die Lehrerin nach dem Unterricht:

„Kinder! Morgen fahren wir in den Wald. Schaut mal, was für ein Frühling draußen ist! Gehen wir durch den Wald spazieren, gucken wir auf das frische Gras, wärmen wir uns in der Sonne. Wer ist dafür?“

Alle Kinder hoben die Hände hoch. Und der kleine Papa auch.

Dann lächelte die Lehrerin und sagte:

„Und wer ist dagegen?“

Wieder hoben alle die Hände hoch. Und der kleine Papa auch.

„Was soll das bedeuten?“, fragte die Lehrerin. Sie wunderte sich sehr. „Wollt ihr denn in den Wald spazieren gehen oder nicht?“

„Wir wollen, wollen!“, schrien alle.

„Warum stimmt ihr denn dagegen?“

Niemand konnte das erklären. Nur ein Mädchen sagte leise:

„Wir mögen das Abstimmen sehr…“

Jetzt lachten alle. Und die Lehrerin auch. Sie sagte:

„Ich sehe, dass ihr noch ganz naiv seid. Vergesst nicht, ein Frühstück mitzunehmen. Im Wald gibt es kein Büfett. Nun geht nach Hause.“

Alle standen auf.

Aber der kleine Papa hob wieder die Hand hoch.

„Was ist, möchtest du auch abstimmen?“, wunderte sich die Lehrerin.

Alle lachten. Auch der kleine Papa. Dann fragte er:
„Darf ich einen Spaten mitnehmen?"
Dann lachten alle noch lauter. Und die Lehrerin sagte:
„Wenn ihr das Abstimmen so mögt, stimmen wir auch bei dieser Frage ab. Wer ist für Spaten?"
Alle hoben die Hände hoch.
„Einstimmig", sagte die Lehrerin.

Papa nahm seinen Spaten mit in den Wald. Er war doch noch klein. Er mochte seinen Spaten sehr. Er war zufrieden, dass alle dafür gestimmt hatten.

Im Wald war es sehr gut. Die Bäume waren schon grün und das junge Gras war so schön, dass der kleine Papa sich wunderte.
„Schaut, Kinder, auf diesen Baum", sagte die Lehrerin, „Wer weiß, wie dieser heißt?".
„Eiche! Eiche!", schrien alle auf.
Und das Mädchen, das gerne abstimmte (sie hieß Olja), sagte leise:
„Eine mächtige alte Eiche..."

Niemand verstand, warum sie das sagte. Sogar die Lehrerin schaute sie erstaunt an. Dann fragte sie:
„Und welcher Baum ist das?"
Und wieder schrien alle auf:
„Birke! Birke!"
Der kleine Papa sah, dass Olja gerade den Mund öffnete und sagte leise zu ihr:
„Eine mächtige junge Birke."
Das Mädchen fühlte sich gekränkt und streckte dem kleinen Papa die Zunge heraus.

Der kleine Papa sagte dann laut zu ihr:
„Eine mächtige junge Zunge!"
Alle lachten wieder, aber die Lehrerin sagte:
„Diejenigen, die beim Unterricht schwatzen, bitte ich aus dem Wald hinauszugehen."
Sie sagte das so streng, dass alle still wurden. Dann aber lachte sie selbst auf. Danach erzählte sie, welche Bäume in unseren Wäldern wachsen und welche im Süden. Später fand jemand einen Marienkäfer und alle sangen: „Marienkäfer, flieg zum Himmel, bring uns Brot!"
Aber der Marienkäfer wollte nicht fliegen, dann erinnerten sich alle ans Frühstück und bekamen plötzlich Hunger. Es war sehr lustig und gut, auf der Waldwiese zu frühstücken. Als Tisch diente ein Baumstumpf. Alle gaben einander etwas zu essen, und die Lehrerin nahm eine Schachtel Pralinen aus ihrer Aktentasche, und alle wurden ganz fröhlich. Plötzlich schrie jemand:
„Oh! Eine Schlange! Eine Schlange!"
Das schrie das Mädchen Olja. Sie saß gerade am Rand der Wiese neben dem kleinen Papa. Sie sprang auf und schrie immer lauter:
„Oh! Eine Schlange! Oh, Mama!"

Der kleine Papa sprang auch auf. Er sah neben dem Mädchen eine kriechende Schlange. Er sah zum ersten Mal im Leben eine Schlange und war so erschrocken, dass er mit seinem Spaten mit aller Kraft auf sie schlug. Und der Spaten war sehr scharf. Er zerteilte die Schlange in zwei Hälften. Und jede Hälfte kroch für sich weiter. Olja kreischte immer noch. Zusammen mit ihr kreischten alle Mädchen. Nur die Lehrerin kreischte nicht. Sie schaute interessiert auf den kleinen Papa. Dieser arbeitete mit aller Kraft. Aus zwei Schlangen machte er vier. Aus vier Schlangen – acht. Vielleicht hätte er sechzehn Schlangen und sogar zweiunddreißig gemacht. Die Lehrerin kam aber näher und fasste ihm an die Hand.

„Es reicht!“, sagte sie, „Das ist eine Natter. Sie ist nicht giftig. Sie ist nützlich.“

Der kleine Papa hörte auf. Die Mädchen hörten auf zu kreischen. Nur Olja, das Mädchen, das gerne abstimmt, kreischte immer noch:

„Oh, eine Natter! Eine Natter!“

Aber jetzt fingen alle Jungen an zu schreien:

„Oh! Oh! Oh, Mama! Oh, Papa! Oh, eine Natter!”

„Ruhe!“, sagte die Lehrerin. Und als alle schwiegen, sagte sie leise: „Eine Natter ist nicht giftig. Sie ist nützlich, man muss sie nicht töten. Man muss sie von einer Viper und einer Schlingnatter unterscheiden. Merkt euch das. Und merkt euch auch, dass es so dumm ist zu kreischen, ohne zu wissen, warum. Wenn man aber denkt, es mit einer giftigen Schlange zu tun zu haben und nicht wegläuft, sondern einen Schulkameraden schützt, darf man über ihn nicht lachen. Obwohl es auch nicht notwendig ist, eine Schlange in hundert Teile zu zerhauen.“

Alle lachten auf – alle Mädchen und alle Jungen. Und der kleine Papa ging weg und warf seinen Spaten weit in die Büsche. Noch lange Zeit schrie man in der Schule zu ihm: „Oh, eine Natter! Oh, eine Natter!“ Obwohl ihm selbst schien, dass man eher Olja hänseln musste. Seitdem tötete er keine Schlange mehr.

Als Papa sich an der deutschen Sprache rächte

Als Papa klein war und zur Schule ging, bekam er ganz unterschiedliche Schulnoten. In Russisch bekam er ein „gut". In Mathematik ein „zufriedenstellend". In Schreibschrift ein „ausreichend" und in Zeichnen ein „mangelhaft" mit doppeltem Minus. Und der Kunstlehrer versprach Papa noch ein drittes Minus.

Eines Tages kam eine neue Lehrerin in die Klasse. Sie war sehr sympathisch. Jung, hübsch, fröhlich, mit einem sehr schicken Kleid.

„Mein Name ist Elena Sergejewna, wie heißt ihr?", sagte sie und lächelte.

Und alle schrien:

„Schenja!"

„Sina!"

„Lisa!"

„Mischa!"

Elena Sergejewna hielt sich die Ohren zu, und alle verstummten.

Dann sagte sie:

„Ich werde euch Deutsch beibringen. Einverstanden?"

„Ja! Ja!", schrie die ganze Klasse.

Und so begann der kleine Papa, Deutsch zu lernen. Zuerst gefielen ihm manche Wörter sehr: „der Stuhl", „der Tisch", „das Buch", „der Knabe", „das Mädchen".

Es war wie eine Art Spiel, und die ganze Klasse interessierte sich dafür, das zu lernen. Aber als die Deklinationen und Konjugationen drankamen, begannen sich einige „Jungen“ und „Mädchen“ zu langweilen. Es stellte sich heraus, dass man Deutsch ernsthaft lernen muss. Es stellte sich auch heraus, dass das kein Spiel ist, sondern ein ganz normales Fach wie Mathematik und Russisch. Man musste drei Dinge auf einmal lernen: Deutsch zu schreiben, Deutsch zu lesen und Deutsch zu sprechen. Elena Sergejewna bemühte sich sehr, ihren Unterricht interessant zu gestalten. Sie brachte Bücher mit lustigen Geschichten mit in die Klasse, brachte den Kindern bei, deutsche Lieder zu singen und machte auch Scherze auf Deutsch. Und für diejenigen, die gut mitmachten, war das wirklich interessant. Aber die Kinder, die nicht mitmachten und die Stunden nicht vorbereiteten, verstanden gar nichts. Und natürlich war ihnen langweilig. Sie schauten immer weniger in ihr „das Buch“ und wurden schweigsam wie „der Tisch“, wenn Elena Sergejewna sie fragte. Und manchmal, direkt vor der Deutschstunde, ertönte ein wildes Geschrei: „Ich habe spazieren!“, was sich in der Übersetzung ins Russische sehr lustig anhört. Und in der Sprache der Schüler hieß das: „Ich schwänze!“ Als sie dieses Geschrei hörten, machten viele Schüler mit und riefen: „Spazieren! Spazieren!“ Und wenn die arme Elena Sergejewna in die Klasse kam, bemerkte sie, dass alle Jungen das Verb „spazieren“ praktisch lernten und nur die Mädchen auf ihren Schulbänken saßen. Und das machte sie verständlicherweise sehr traurig. Auch der kleine Papa war hauptsächlich mit „spazieren“ beschäftigt.

Er wollte Elena Sergejewna damit nicht kränken. Es war einfach sehr lustig, vor dem Unterricht wegzulaufen, sich vor dem Direktor und den Lehrern zu verbergen und sich auf dem Dachboden der Schule vor Elena Sergejewna zu verstecken. Es machte ihm viel mehr Spaß, als im Unterricht zu sitzen, ohne etwas zu lernen. Als Elena Sergejewna ihn auf Deutsch fragte: „Hast du ein Federmesser?“, antwortete er nach einer langen Pause nur: „Ich nicht“ (was auf Russisch sehr dumm klang, fast wie „Ich nein“). Als der kleine Papa so antwortete, lachte die ganze Klasse über ihn. Dann lachte die ganze Schule. Und der kleine Papa mochte es wirklich nicht, wenn man über ihn lachte. Er lachte selbst viel lieber über andere. Wenn er klüger gewesen wäre, hätte er angefangen, sich mit Deutsch zu beschäftigen, und man hätte aufgehört, ihn auszulachen. Aber der kleine Papa war sehr ärgerlich.

Er ärgerte sich über die Lehrerin. Er ärgerte sich über die deutsche Sprache. Der kleine Papa wollte sich an der deutschen Sprache rächen und hat sich deshalb nie ernsthaft mit ihr beschäftigt. Dann beschäftigte er sich auf einer anderen Schule nie richtig mit Französisch. Und auf der Hochschule beschäftigte er sich kaum mit der englischen Sprache. Und jetzt kann Papa nicht eine einzige Fremdsprache. An wem hat er sich denn gerächt? Jetzt sieht Papa ein, dass er nur sich selbst geschadet hat. Er kann viele seiner Lieblingsbücher nicht in der Sprache lesen, in der sie geschrieben wurden. Er möchte unbedingt eine Reise ins Ausland machen, aber er schämt sich, dorthin zu reisen, ohne eine einzige fremde Sprache sprechen zu können. Manchmal wird Papa verschiedenen Menschen aus anderen Ländern vorgestellt. Die sprechen schlecht Russisch. Aber sie lernen immerhin Russisch, und sie alle fragten Papa: „Sprechen sie Deutsch?“, „Parlez-vous français?“, „Do you speak English?“. Und Papa schlägt nur die Hände über dem Kopf zusammen und schüttelt den Kopf. Was kann er ihnen antworten? Nur: „Ich nicht...“ Und das ist ihm sehr peinlich.

Als Papa zwei Aufsätze schrieb

Als Papa klein war und in die Schule ging, hatte er einen Freund namens Wasja Seredin. Wasja wohnte neben dem kleinen Papa. Sie gingen immer zusammen in die Schule und von der Schule nach Hause. In der Schule saßen sie auf einer Schulbank. Als Mathematikunterricht war, löste Wasja die Aufgaben am schnellsten. Er half dabei dem kleinen Papa. Und Papa half Wasja Gedichte zu lernen und Aufsätze zu schreiben. Sie waren sehr zufrieden miteinander. Sie schlugen sich sogar nur untereinander.

Eines Tages stellte die Lehrerin der ganzen Klasse eine Aufgabe. Man musste einen Aufsatz zum Thema „Wie ich den Sommer verbracht habe" verfassen. Wasja Seredin sagte Papa:

„Ich weiß nicht, was ich schreiben soll ..."

Der kleine Papa fragte ihn:

„Wo warst du im Sommer?"

„Im Dorf", antwortete Wasja.

„Dann schreib eben über das Dorf."

„Und was soll ich schreiben?"

„Also, was hast du dort im Sommer gemacht?"

„Ich habe nichts gemacht... Ich habe im kleinen Fluss gebadet, mit anderen Kindern Fische geangelt, und bin in den Wald gegangen..."

„Schreib dann mal darüber", sagte der kleine Papa.

Wasja Seredin schrieb seinen Aufsatz sehr schnell und zeigte ihn dem kleinen Papa. Das ist, was er schrieb:

БВГ

„WIE ICH DEN SOMMER VERBRACHTE:

Ich war im Sommer bei Oma im Dorf. Ich badete, angelte, ging mit anderen Kindern in den Wald. Im Sommer ist es im Dorf gut. W. Seredin."

„Was ist das denn für ein Aufsatz?", sagte der kleine Papa. „Du musst über Oma schreiben, wie sie war, was sie sagte, was sie machte, welche Lieder sie sang..."

„Sie sang nicht, sie erzählte Märchen", antwortete Wasja.

„Dann schreibe eben über Märchen. Schreibe, welche Kinder da waren. Über den Fluss und den Wald."

„So etwas kann ich nicht", sagte Wasja, „es wird besser, wenn ich dir alles erzähle und du mir alles aufschreibst."

Und Wasja erzählte Papa alles über Oma, über die Kinder, den Wald und den Fluss. Papa schrieb dann einen langen Aufsatz. Er bemühte sich sehr. Der Aufsatz wurde gut. Wasja war sehr zufrieden.

„Jetzt schreibe ich ab", sagte er, „und du schreibe deinen Aufsatz. Es ist schon spät."

Als Wasja wegging und der kleine Papa anfing, seinen Aufsatz zu schreiben, lief die Sache bei ihm viel schlechter. Es ist nicht so einfach, zweimal nacheinander dasselbe zu schreiben. Der kleine Papa war auch im Dorf, lief auch in den Wald und zum Fluss. Darüber hatte er schon alles für Wasja geschrieben. Jetzt dachte er nur daran, etwas zu schreiben, was nicht so ähnlich wie Wasjas Aufsatz war. Sonst konnte die Lehrerin sofort erraten, dass er für beide schrieb. Der kleine Papa dachte schon gar nicht daran, ob er gut oder schlecht schrieb. Und er schrieb einen Aufsatz, der Wasjas Aufsatz gar nicht ähnlich sah. Der Aufsatz sah, nach den Worten der Lehrerin, überhaupt nichts anderem ähnlich.

Als die Lehrerin den Schülern ihre Aufsätze zurückgab, sagte sie:

„Hier, Kinder, sind eure Aufsätze. Am besten hat Wasja Seredin geschrieben. Ich lese jetzt seinen Aufsatz vor."

Und sie las den ersten Aufsatz von Papa vor, den er für Wasja geschrieben hatte.

„Gut gemacht, Wasja!", sagte die Lehrerin, „Das ist sehr gut geschrieben. Fehlerfrei, interessant, lebhaft. Du hast eine gute Oma. Und du hast auch gute Freunde!"

Dabei schaute sie aus irgendeinem Grund den kleinen Papa an. Wasja Seredin wurde sehr rot. Er mochte nicht, wenn man ihn umsonst lobte. Dann sagte die Lehrerin:

„Jetzt lese ich den schlechtesten Aufsatz vor." Und sie las vor, was der kleine Papa als zweiten Aufsatz geschrieben hatte. Jetzt wurde der kleine Papa rot. Er mochte nicht, wenn man ohne Grund mit ihm schimpfte, und er schämte sich.

Nach dem Lesen von Papas Aufsatz sagte die Lehrerin:

„Ich hoffe, dass du nächstes Mal besser schreibst, und Wasja nicht schlechter. Hast du mich verstanden?"

„Ja...", sagte der kleine Papa leise.

„Und du, Wasja?", fragte die Lehrerin.

Wasja antwortete auch leise:

„Verstanden..."

Beide saßen da und waren ganz rot, und die ganze Klasse schaute auf sie und verstand nichts. Der kleine Papa und Wasja Seredin sagten nichts zueinander. Seitdem aber begann der kleine Papa seine Aufgaben selbst zu lösen, und Wasja schrieb seine Aufsätze ohne Papas Hilfe. Natürlich machte der kleine Papa zuerst oft Fehler, und Wasjas Aufsätze waren nicht sehr gut. Aber später gelang die Sache bei beiden, und beide verstanden, dass man alles selbst machen sollte, sonst kann man nie etwas lernen. Und sie saßen noch viele Jahre auf einer Schulbank.

Als Papa mit Majakowskij telefonierte

Als Papa klein war und zur Schule ging, sprach er einmal mit dem Dichter Majakowskij*. Oder besser gesagt: Majakowskij sprach mit ihm. Und das kam so.

Eines Tages schrieb der kleine Papa ein Gedicht, das hieß „Der Bergmann“. Er zeigte es seiner Lehrerin. Sie las das Gedicht und sagte dazu:
„An unserer Schule schreibt niemand Gedichte. Deshalb werden wir dein Gedicht in unserer Wandzeitung veröffentlichen. Und es ist toll, dass du dieses Gedicht geschrieben hast. Aber denke nicht, dass du Puschkin bist. Ich bitte dich sehr darum.“

Der kleine Papa versprach, nicht zu denken, er sei Puschkin.
Das Gedicht wurde veröffentlicht. Die ganze Schule las die Wandzeitung. Alle erfuhren, dass es in der dritten Klasse einen Jungen gab, der Gedichte schrieb. Die Lehrer lobten den kleinen Papa sehr. Und die Jungen neckten ihn: „Poet ohne Kotelett!“ Der kleine Papa weiß bis heute nicht, was sie damit sagen wollten. Alle Mädchen der höheren Klassen baten den kleinen Papa, etwas in ihr Poesiealbum zu schreiben. Und der Redakteur der Wandzeitung sagte:
„Schreibe für jede Ausgabe ein Gedicht! Ansonsten - paff“, und er zeigte Papa seine Faust.

Als der kleine Papa erwachsen wurde, verstand er, dass man von einem solchen Redakteur nur träumen konnte. Aber damals war er sehr erschro-

---

* Wladimir Majakowskij (1893-1930) war ein berühmter sowjetischer, russischer Dichter.

cken. Der Redakteur war ein riesiger Junge aus der siebten Klasse. Und seine Faust konnte jedem Furcht einflößen. Deshalb gab es in jeder Ausgabe der Zeitung ein Gedicht des kleinen Papas. Und weil der Redakteur zwei Fäuste hatte, gab es in manchen Ausgaben sogar zwei Gedichte.

Der kleine Papa schrieb über alles auf der Welt. Es gab Gedichte über den Frühling, den Winter, den Herbst und den Sommer. Es gab Gedichte über die Pariser Kommune. Es gab satirische Gedichte: über Raufbolde, über Spickzettel. Es gab sogar Gedichte über den „Pugatschow-Aufstand", bei dem die gesamte sechste Klasse die Chemiestunde verließ. Der Nachname des Chemikers war nämlich Pugatschow. In zwei Jahren hat der kleine Papa sehr viele Gedichte geschrieben. Er wusste selbst nicht, was für Gedichte er schrieb, gute oder schlechte. In der Schule wurden sie alle gelobt, aber er ahnte, dass es sich nicht um richtige Gedichte handelte. Und er wollte unbedingt wissen, ob er jemals richtige schreiben würde. Wer konnte diese Frage beantworten? Natürlich nur ein richtiger Dichter. Der beste, der berühmteste. Mit einem Wort: Majakowskij.

Der kleine Papa sammelte seine besten Gedichte und beschloss, sie Majakowskij zu zeigen. Aber der kleine Papa hatte Angst, zu Majakowskij zu gehen, weil er noch sehr klein war. So beschloss er, ihn anzurufen. Er fand Majakowskijs Nummer im Telefonbuch. Und mehrere Abende hintereinander, als niemand zu Hause war, legte der kleine Papa seine Gedichte auf den Tisch, nahm all seinen Mut zusammen, nahm den Hörer ab, rief die Nummer an und... legte wieder auf. Er fand es sehr unheimlich, mit Majakowskij selbst zu sprechen. Das ging eine ganze Woche lang so, mehrere Male hintereinander. Dem kleinen Papa war das sehr peinlich. Schließlich, am Sonntagabend, als Opa und Oma ins Theater gegangen waren, rief der kleine Papa, zitternd vor Aufregung, Majakowskij an. Er legte nicht auf.

Und er hörte eine tiefe, mächtige Stimme, an die er sich sein ganzes Leben lang erinnerte und von der er später so viel las und hörte. Diese erstaunliche Stimme klang an diesem Abend wütend. Er fragte den kleinen Papa streng: „Hallo... wer ist dran?"

Der kleine Papa erschrak, verschluckte sich und konnte nichts sagen. Und die Stimme grollte:

„Wer spielt da den Narren? Irgendein Typ ruft jede Nacht an und sagt kein Wort. Cholera! Nun, sag doch etwas! Sing, mein Liebster, du musst dich nicht schämen!"

Der kleine Papa war so verängstigt, dass er vor lauter Schreck nicht einmal auflegen konnte. Er hatte längst den Moment verpasst, in dem er sich entschuldigen, grüßen, etwas erklären, etwas sagen konnte... Jetzt konnte er nur noch schweigen und zuhören. Und er hörte zu.

„Auf Wiedersehen, du Schweiger! Irgendwann erwische ich dich! Rufe nur noch einmal an!"

Majakowskij legte wütend auf. Der kleine Papa rief ihn nie wieder an. Er sah und hörte ihn nie wieder. Er erzählte nicht einmal jemandem von dieser peinlichen Geschichte. Und viele Jahre lang wussten nur zwei Leute von diesem Gespräch: der kleine Papa und Majakowskij. Dann wusste nur noch der kleine Papa davon. Aber er erinnerte sich gut an sein Gespräch mit Majakowskij. Und jetzt wisst ihr auch davon.

Als Papa an einem Abend auftrat

Als Papa klein war und in die Schule ging, passierte ihm diese Geschichte. Papas Schule wurde in eine andere Schule zu einer Abendveranstaltung eingeladen. Die Jungen und Mädchen aus jener Schule waren neulich abends in Papas Schule aufgetreten. Sie hatten gesungen, getanzt, Gedichte vorgelesen und Turnübungen vorgeführt. Sie hatten sogar die Szene in der Schenke aus Puschkins Drama „Boris Godunow" aufgeführt. Gewiss, der Darsteller von Grigori Otrepjew hatte sich beim Sprung aus dem Fenster mit dem Bein am Fensterbrett verfangen und die ganze Schenke niedergeworfen. Das kann aber jedem passieren. Und sie hatten sehr gut gespielt. Jetzt musste man bei ihnen am Abend auftreten. Man wollte sie unbedingt mit etwas zum Staunen bringen. Womit denn? Die Kinder überlegten sich das so:

„Wir singen und sie singen. Wir tanzen und sie tanzen. Sie tanzen sogar besser. Die Turner sind bei uns nicht schlechter. Wenn unsere Turnpyramide irgendwann einstürzt, ist das so wie bei ihnen, als einmal die Schenke einstürzte. Bei uns liest man Gedichte vor, und bei ihnen auch. Aber was haben sie nicht, was wir haben?"

Jetzt wurden alle nachdenklich und überlegten sehr lange.

„Wir haben Gorbuschka", sagte jemand.

Alle fingen an zu lachen und schrien:

„Er bellt!"

„Er miaut!“

„Er singt wie ein Hahn!“

„Er geht auf den Händen!“

„Er geht auf den Augenbrauen!“

„Ruhe!“, sagte die Lehrerin.

Alle schwiegen, und mitten in der eingetretenen Ruhe sagte Gorbuschka: „Ach, was ist das alles... Das kann doch jeder... Wenn ich aber Gedichte schreiben würde...“

Er schaute auf den kleinen Papa. Und alle schauten auf den kleinen Papa. Die Lehrerin sagte:

„Ganz genau! Wir haben unseren eigenen Poeten.“

„Und die haben den nicht!“, schrien die Kinder.

Dann sagte der kleine Papa, dass er noch nie auf der Bühne stand, dazu in einer fremden Schule. Dazu mit eigenen Gedichten. Dazu...

Aber alle schrien:

„Das macht nichts! Das macht nichts!“

Und die Lehrerin sagte:

„Alles wird gut. Nur denke daran, dass du nicht Puschkin bist.“

Sie sagte das dem kleinen Papa sehr oft, und er vergaß das nie.

Nun kam der schreckliche Tag. Der kleine Papa fuhr zitternd zusammen mit den Turnern, Sängern und Tänzern in die fremde Schule. Er stand hinter der fremden Bühne und sah in den fremden Saal. Dort waren so viele fremde Jungen und fremde Mädchen. In der ersten Reihe saßen der fremde Schulleiter und die fremden Lehrer. Sie alle sahen mit fremden

Augen auf die Bühne und lachten mit einem fremden Lachen. Der kleine Papa fühlte sich immer schrecklicher und schrecklicher. Ihr, meine Leser, versteht natürlich, dass im Saal ganz gewöhnliche Jungen und Mädchen, Lehrer und Lehrerinnen saßen. Sie schauten auf die Bühne, lachten und klatschen genauso, wie das auch in Papas Schule der Fall war. Aber der kleine Papa fürchtete sich so stark, auf der Bühne der fremden Schule aufzutreten, dass ihm alles ringsum fremd schien.

Vergeblich flüsterte ihm der danebenstehende treue Gorbuschka zu: „Pah! Die fremde Schule. Die gleichen Leute. Sogar schlechtere…“ Vergeblich boten ihm die Mädchen Pralinen an. Vergeblich sagte ihm die Lehrerin:

„Schämst du dich etwa? Du erinnerst dich doch noch an die Gedichte?“

„Ich erinnere mich…“, antwortete der kleine Papa mit zitternden Lippen.

Nun kam der fürchterliche Moment.

„Jetzt tritt der Dichter unserer Schule auf!“, wurde von der Bühne verkündet. „Er liest die Gedichte vor, die er selbst verfasst hat.“

Im Saal wurde geklatscht, und Gorbuschka stieß dem kleinen Papa in den Rücken. Der kleine Papa schleppte sich auf die Bühne und bewegte mit Mühe seine versteinerten Beine. Noch nie hatte er sich so schrecklich gefühlt. Alles drehte sich vor seinen Augen, er bekam eine trockene Kehle und hatte einen gleichmäßigen Lärm in den Ohren, der der Meeresbrandung ähnelte.

Der kleine Papa sah niemanden im Saal. Vor ihm drehte sich ein großer bunter Fleck, der knallte. Dann wurde es ruhig. Alle warteten auf die Gedichte. Aber der kleine Papa stand nur dort und schwieg. Gorbuschka erzählte später, dass der kleine Papa zuerst ganz weiß war. Dann wurde er plötzlich dunkelblau. Dann wurde er grün mit roten Flecken.

„Das war Klasse!“, erzählte Gorbuschka, „Wie ein Feuerwerk! Ich gebe meinen Kopf dafür, dass niemand in deren Schule das so könnte.“

Jetzt aber lachte jemand im Saal auf. Und der kleine Papa fing an, seine Gedichte mit heiserer Stimme vorzulesen. Er las zuerst die Hymne der Schule, die er für seine Schule verfasst hatte. Anfangs hörte man ihm aufmerksam zu. Aber als er zum Refrain kam, wurde es im Saal laut. Das lag daran, dass der Refrain so klang:

Sei kühner du, mein Freund, als Robin Hood
Planeten unseren bereise fleißig
Und keine Schule findest du so gut
Wie unsere, die Nummer dreiundzwanzig!

Also, urteilt selbst, ob die Kinder von der Schule Nummer neun, wo der kleine Papa auftrat, mit solchen Worten einverstanden sein konnten. Natürlich fühlten sie sich mit ihrer Schule Nummer neun beleidigt und fingen an, mit den Beinen zu trommeln und laut zu tönen. Vor Angst verstand der kleine Papa nicht, worum es ging. Er hob die Hand hoch und sagte:
„Ich bitte sehr darum, mich in der Mitte der Zeile nicht zu stören. Lasst mich eine Strophe beenden, und dann lärmt, wie ihr wollt.“

Im Saal wurde es sofort ruhig. Der kleine Papa verstand nicht sofort, dass er sich mit dieser Bitte selbst vernichtete. In der Schule Nummer neun waren die Kinder gescheit, und die restliche Lesung ähnelte einem lustigen Spiel. Als der kleine Papa die nächste Strophe vorlas, war es im Saal ruhig. Aber nach jeder Strophe begann etwas Unvorstellbares. Der ganze Saal heulte, miaute, pfiff und trommelte mit den Beinen. Danach wurde es still. Der kleine Papa las stotternd die nächste Strophe vor. Und alles begann von vorne. Es gab viele Strophen. Der kleine Papa las alles hart-

näckig wie ein Automat vor, bis ganz zum Ende. Als er fertig war, lachten sich alle im Saal tot, hinter der Bühne, unsere Schüler und die fremden. Gorbuschka rollte sich einfach auf dem Boden. Sogar die Lehrerin lachte. Diese Schande kann der kleine Papa bis heute nicht vergessen.

Viele Jahre vergingen. Der kleine Papa wurde erwachsen. Bis heute stürzt sich manchmal auf der Straße ein älterer unbekannter Mensch auf Papa und schreit: „Sei kühner du, mein Freund, als Robin Hood!“ Dann miaut er und verschwindet. Und Papa versteht, dass dieser ältere Mensch, als er klein war, in die Schule Nummer neun ging. Er vergaß Papas Gedichte nicht. Aber auch Papa vergaß nicht, dass er nicht Puschkin ist...

Als Papa Ping-Pong spielte

Als Papa klein war und zur Schule ging, kam ein neues Spiel auf. Heute heißt es Tischtennis. Damals nannte man es noch Ping-Pong. Jetzt mögen auch viele Jungen und Mädchen dieses Spiel. Aber damals wurde in jeder Schule, in jeder Klasse, auf jedem Schulhof Ping-Pong gespielt. Sie spielten auf Tischen, Bänken, Klavieren und einfach auf dem Boden. Sie spielten von morgens bis abends. Einige spielten sogar nachts. Und viele vergaßen einfach alles auf der Welt, außer Ping-Pong. Jeden Tag fand in der Schule vom kleinen Papa ein Ping-Pong-Turnier statt. Sie spielten in jeder Gruppe um den Sieg. Danach spielten die Gruppensieger um den Schulsieg. Dann spielten die Schulsieger um die Bezirksmeisterschaft. Später wurden die Stadtmeisterschaften im Ping-Pong ausgetragen. Dann spielten Moskau und Leningrad gegeneinander.

Der kleine Papa war über alles sehr erstaunt. Er konnte nicht glauben, dass es so interessant war, einen kleinen weißen Ball mit Kellen zu schlagen.

„Das sind keine Kellen, das sind Schläger“, sagte man ihm.

„Also gut, mit Schlägern. Trotzdem verstehe ich das nicht.“

„Probiere es aus.“

„Das interessiert mich nicht.“

„Das wird dich bestimmt interessieren.“

„Das wird es nicht.“

„Versuche es.“

„Ich will nicht.“

Solche Gespräche begannen viele Male. Und eines schönen Tages nahm der kleine Papa tatsächlich einen Schläger und ging zum Tisch. Und schon war er verloren. Ich schrieb: „eines schönen Tages“. Aber alle in der Familie des kleinen Papas dachten, dass das an einem schrecklichen Tag passierte. Es war nämlich so, dass der kleine Papa Ping-Pong sehr mochte. Am Anfang gelang ihm nichts. Er konnte noch nicht einmal den Ball treffen. Dann begann er, den Ball mit dem Schläger zu schlagen, aber der Ball traf nicht den Tisch. Doch dann fing der kleine Papa an, den Tisch zu treffen, und da wurde es sehr interessant. Es stellte sich heraus, dass es spezielle Schläge gibt: schneidende, verdrehende. Nach diesen Schlägen dreht sich der Ball in verschiedene Richtungen, fliegt schnell oder langsam. Ein guter Spieler lenkt den Ball an die für den Gegner ungünstigste Stelle der Platte. Der kleine Papa denkt auch jetzt noch, dass Ping-Pong ein sehr gutes Spiel ist. Der kleine Papa interessierte sich mehr für Ping-Pong als für alles andere auf der Welt. Er hörte auf zu lesen, hörte auf, seine Hausaufgaben zu machen. Er ging nicht mehr zur Schule, um zu lernen, sondern um sein Lieblingsspiel zu spielen. Er spielte immer besser, aber er lernte immer schlechter.

Die Lehrerin sprach mehrmals mit ihm. Sie erklärte ihm, dass alles in Maßen sein muss. Sie erinnerte ihn an das Sprichwort: „Erst die Arbeit, dann das Vergnügen!“

Der kleine Papa diskutierte nicht mit ihr: wozu auch? Denn sie konnte nicht verstehen, dass für den kleinen Papa gerade Ping-Pong das Wesentliche war und alles übrige nur Zeitvertreib. Er spielte mehr als alle seine Klassenkameraden. Er schlug schon viele Gegner. Aber an dem Tag, an dem er den dritten Spieler in der Schule schlug, sagte seine Lehrerin zu ihm:

„Ich möchte mit deinen Eltern sprechen! So kann es nicht weitergehen.“

Sie schrieb einen Brief an Opa und Oma. Opa und Oma erhielten diesen Brief nicht. Der kleine Papa holte ihn selbst aus dem Briefkasten, las ihn selbst und zerriss ihn selbst. Er zerriss diesen Brief in kleine Stücke, weil er ihm nicht gefiel. Die Lehrerin schickte Opa und Oma den zweiten Brief. Dem kleinen Papa gefiel dieser Brief noch weniger. Also zerriss er ihn in sehr kleine Stücke.

Ich schäme mich, jetzt davon zu erzählen. Aber so war es.
Die Lehrerin war sehr überrascht, dass Opa und Oma nicht zu ihr kamen. Aber noch während sie ihnen den dritten Brief schrieb, schlug der kleine Papa den Schulsieger. Danach beschloss er, dass es für ihn in der Schule nichts mehr zu tun gab. Also ging er gar nicht mehr hin. Frühmorgens tat er so, als ginge er zum Unterricht. In seiner Schultasche waren aber keine Hefte oder Lehrbücher. Darin waren zwei Ping-Pong-Schläger, ein Netz und drei Bälle. Und das Frühstück, das der kleine Papa statt des Mittagessens aß. Den ganzen Tag über spielte er Ping-Pong. Der kleine Papa fand viele neue Freunde, die auch verrückt nach Ping-Pong waren. Er kannte bereits alle Moskauer Meister persönlich. Er wurde schon von den berühmten Brüdern Falkewitsch gegrüßt. Er wurde bereits in das Juniorteam aufgenommen. Er hatte sogar schon sein erstes Wettkampfspiel verloren. Er hatte schon... Aber dann ging die Lehrerin, die keine Antwort auf ihre Briefe erhalten hatte und den kleinen Papa nicht in der Schule sah, zu seinem Haus. Sie fand den kleinen Papa dort nicht. Aber sie traf Opa und Oma an. Als sie erfuhren, dass ihr Sohn schon lange nicht mehr zur Schule ging, sondern stattdessen den ganzen Tag mit einer Kelle einem Ball nachjagte, waren sie entsetzt. Sie entschieden, dass der kleine Papa verrückt geworden war. Denn sie spielten kein Ping-Pong. Sie nahmen ihm die Schläger weg, versteckten die Bälle und brachten

den kleinen Papa zum Arzt. Und zwar nicht zu einem einfachen Arzt, sondern zu einem berühmten Professor. Der Professor behandelte schon sein ganzes Leben lang Verrückte. Aber er spielte auch nie Ping-Pong Und er konnte einfach nicht glauben, dass der kleine Papa wegen dieses Spiels aufgehört hatte zu lernen. Und der kleine Papa konnte nicht verstehen, warum der Professor ihm so seltsame Fragen stellte. Das fragte der Professor:

„Wirst du in der Schule von Jungen geschlagen?"

„Leidest du an Schlaflosigkeit?"

„Hast du morgens Kopfschmerzen?"

„Tut der Kopf abends weh?"

„Hast du nachts Albträume?"

„Warst du jemals ohnmächtig oder hattest du Anfälle?"

Auf alle diese Fragen antwortete der kleine Papa:

„Nein."

Dann fragte ihn der Professor:

„Magst du deine Schule?"

„Hast du eine gute Lehrerin?"

„Hast du Freunde in der Schule?"

„Jungen?"

„Mädchen?"

Auf alle diese Fragen antwortete der kleine Papa:

„Ja."

Dann fragte der Professor ihn:

„Gibt es ein Mädchen, das du am liebsten magst?"

Der kleine Papa wurde wütend und sagte:

„Doktor, warum müssen Sie das alles wissen? Ich habe die Schule wegen

Ping-Pong abgebrochen. Und alle Ihre anderen Fragen sind sinnlos."
„Na gut", sagte der Professor. „Was wirst du jetzt tun?"
„Ping-Pong spielen", antwortete Papa, ohne nachzudenken.
„Aber wie würde das enden? Hast du darüber nachgedacht?"
„Ich habe darüber nachgedacht", sagte Papa, „wir könnten in unserer Gruppe den Moskauer Meistertitel gewinnen."
„Ich spreche ernsthaft mit dir!", rief der Professor.
„Ich meine es auch ernst", sagte Papa.
Dann winkte der Professor mit der Hand, goss etwas Medizin in ein Schnapsglas und sagte zu Papa:
„Trink das."
„Ich will nicht", sagte Papa, „Ich bin gesund."
„Aber ich nicht", sagte der Professor und trank die Tropfen selbst. Dann sagte er mit leiser Stimme zu Papa: „Wenn ich deine Eltern überzeuge, dass du bis zum Ende spielen darfst, versprichst du mir dann, dass du im Herbst zur Schule gehst?"
„Ich verspreche es", sagte der kleine Papa.
Dann rief der Professor Opa und Oma an. Er sagte zu ihnen:
„Der Junge ist gesund. Lassen Sie ihn spielen. Das Jahr ist sowieso vorbei."
Und er trank noch einmal seine Tropfen.
Die Eltern brachten den kleinen Papa nach Hause.

Die Mannschaft vom kleinen Papa gewann die Meisterschaft nicht. Sie kam auf den zweiten Platz. Aber der kleine Papa glaubt auch bis heute nicht, dass dieses Jahr umsonst war. Er hat gut verstanden, dass man nicht nur vom Ping-Pong leben kann. Er hatte sogar Sehnsucht nach der Schule. Und im Herbst war er froh, dort hinzugehen. Er machte einen Schulabschluss. Es vergingen viele Jahre. Sein alter Schläger liegt immer noch auf dem Schrank. Opa und Oma erschaudern immer noch, wenn sie ihn sehen. Aber der kleine Papa schaut sich den Schläger mit Vergnügen an. Natürlich war es dumm, die Schule wegen Ping-Pong abzubrechen. Und bis heute lachen alle über Papa, wenn sie davon hören. Er findet das jetzt selbst lustig. Trotz allem ist Ping-Pong ein gutes Spiel. Und irgendwann werde ich darüber noch etwas schreiben. Bestimmt werde ich darüber schreiben.

Der kleine Papa war sehr erschrocken, als seine Tochter auch anfing, Ping-Pong zu spielen. Und er war froh, als er sah, dass sie die Schule nicht wegen Ping-Pong abbrach. Auch wenn sie Schulsiegerin wurde.

Da hat er Opa und Oma verstanden. Und er legte seinen alten Schläger noch tiefer in den Kleiderschrank.

Aber manchmal schaut er ihn an und erinnert sich an diese Geschichte.

Als Papa einen Hocker baute

Als Papa klein war und in die Schule ging, baute er selbst einen Hocker. Er erinnerte sich sein ganzes Leben lang an diesen Hocker. Das war ein wunderbarer Hocker, vielleicht sogar gab es einen solchen Hocker nicht noch einmal in der weiten Welt. Das dachte auch Sachar Petrowitsch, der Lehrer für Werkunterricht.

In Papas Schule gab es eine Tischlerwerkstatt. Sachar Petrowitsch unterrichtete Kinder in dieser Werkstatt. Er lehrte sie zu sägen, hacken, kleben, brechen und alles wieder von vorne anfzuangen. Bis es gelingt. Er war ein kleiner alter Mann und hatte eine Brille mit einer Metallfassung. Sein Lieblingssprichwort war: „Die Arbeit fürchtet den Meister – Der Nichtstuer fürchtet die Arbeit."

Sachar Petrowitsch begann seinen ersten Unterricht so:

„Was ist das?"

„Ein Hammer!", schrien alle.

„Richtig. Und dies?"

„Ein Nagel!"

„Das ist wahr. Und wie heißt das?"

„Brett!"

„Sehr gut. Man muss diesen Nagel mit einem Mal in das Brett einschlagen. Gibt es denn Freiwillige?"

„Ja! Ja! Ja!"

Es gab viele Freiwillige. Aber sogar die stärksten Jungen konnten das nicht schaffen. Sachar Petrowitsch nahm dann den Nagel, stellte ihn aufs

Brett und schlug. Er schlug nicht sehr stark. Alle riefen „Oh“ – der Nagel ging bis zum Nagelkopf gerade ins Brett herein.

„Die Hauptsache ist hier Augenmaß und auch ein präziser Schlag,“ sagte Sachar Petrowitsch, „Denkt ihr vielleicht, dass ich immer auf den Nagel schlug? Auf keinen Fall. Mal schlug ich mir auf den Finger, dazu schlug mir der Meister in den Nacken. Du hast daneben geschlagen, ich aber nicht... So brachte man uns das früher bei.“

Alle bemitleideten den kleinen Sachar Petrowitsch. Er selbst lachte und sagte: „Habt keine Angst, ich schlage niemanden. Ihr selbst seid hier die Meister. Alles gehört hier euch. Für den Anfang lernen wir, einen Hocker zu bauen.“

Ein Hocker! Was kann einfacher sein? Aber probiert selbst, einen zu bauen. Und das nach genauem Maß. Wie lange muss man hier sägen, hobeln, leimen, brechen und alles von vorne anfangen! Wie viel Arbeit, wie viel Kraft, Fertigkeit und Geduld braucht man dafür...

Den ersten Hocker baute Mischa Gorbunow.

„Bitte, setzt euch drauf!“, sagte er mit Stolz.

„Setz du dich selbst zuerst drauf!“, schlug ihm Sachar Petrowitsch vor.

Mischa Gorbunow machte ein sehr wichtiges Gesicht und setzte sich vorsichtig auf seinen Hocker. Der knarrte und brach zusammen. Mischa setze sich auf den Boden und alle lachten.

„Schnell er tut, aber nicht sehr gut!“, sagte Sachar Petrowitsch. „Fange von vorne an. Aber beeile dich nicht, sonst bringst du das Volk wieder zum Lachen.“

Niemand konnte sofort einen Hocker bauen. Alle mussten etwas umarbeiten.

„Das macht nichts, Kinder“, tröstete Sachar Petrowitsch, „Moskau wurde nicht an einem Tag erbaut. Habt ihr das gedacht? Dass jeder sägen und hobeln kann? Das ist wahr. Nur muss man zuerst schwitzen..."

Die Kinder bemühten sich mit aller Kraft. Das war etwa wie beim Unterricht: Wer löst die Aufgabe als erster. Und es war sogar interessant. Auf eine Aufgabe kann man sich nicht setzen. Du löst die Aufgabe und das ist alles. Hier aber kann jeder sich auf seinen Hocker setzen und auch alle dazu einladen, die das wollen.

Den ersten echten Hocker bastelte Warja Glasunowa. Ein Mädchen! Gewiss, ihr Vater war Tischler. Er brachte ihr hobeln und sägen bei. Und Sachar Petrowitsch lobte Warja sehr.

„Echte Arbeit! Sie hat alle Jungen übertrumpft!"

Die Jungen fanden das ärgerlich. Sie fingen an, Warja zu hänseln. Sie sagten zu ihr: „Warja klein, Tischlerlein!"

Sie fühlte sich nicht gekränkt, sie fragte nur: „Wo sind denn eure Hocker?"

Die Jungen hatten keine Antwort darauf.

Den zweiten Hocker baute übrigens Mischa Gorbunow. Die Jungen beruhigten sich so ein bisschen. Danach begannen alle gleich ihre Hocker abzugeben. Sachar Petrowitsch sagte:

„Irgendwie männlich, dem Hocker ähnlich."

Auch der kleine Papa baute endlich seinen Hocker. Zu diesem Zeitpunkt war er ganz voller Kratzer und Splitter, seine Nase und Wangen waren mit Holzleim verschmutzt. Aber ihn störte das gar nicht. Sein erster Hocker war fertig! Sogar am eigenen Geburtstag war Papa nicht so fröhlich wie am Geburtstag dieses Hockers. Wahrscheinlich verstand das auch Sachar Petrowitsch sehr gut.

„Nun, setz dich mal drauf", sagte er die magischen Worte. Der kleine Papa setzte sich auf den Hocker. Dieser knarrte noch nicht einmal. Aber

Sachar Petrowitsch kniff die Augen zu.

„Zähl mal die Beine", sagte er leise. Der kleine Papa wunderte sich sehr.

Er schaute auf seine Beine.

Nach wie vor waren es zwei.

Jetzt aber wälzten sich alle Jungen und Mädchen vor Lachen, viele setzen sich sogar auf den Boden. Dann lachte auch Sachar Petrowitsch auf.

Bis heute kann der kleine Papa nicht verstehen, wie er einen Hocker mit fünf Beinen zustande bringen konnte. Aber dieser stand vor ihm. Und er steht bis jetzt vor ihm. Und er sieht bis jetzt diese fünf Beine. Fünf, nicht vier. Er hört bis jetzt die Stimme von Sachar Petrowitsch: „Mal drei Beine, mal fünf, mal acht, dann wird die Arbeit nochmals gemacht!" Und er weiß, dass man daran bei jeder Arbeit denken muss.

Neue Erzählungen vom kleinen Papa

Als Papa nicht der beste Schüler war

Als Papa klein war und zur Schule ging, war er nie der beste Schüler. Und hier ist der Grund dafür. Er kam mit Verspätung in die erste Klasse, weil er krank war. Er musste seine Klassenkameraden einholen. Als er sie eingeholt hatte, wurde er wieder krank. Er bekam Masern und war lange krank. Und dann lernte er einen ganzen Sommer lang zu Hause, um direkt in die zweite Klasse zu kommen. Er kam direkt in die zweite Klasse. Und er bekam Keuchhusten. Und Mumps. Und noch etwas anderes. Dann ging er nach Moskau. Dort kam er direkt in die dritte Klasse. In der dritten Klasse wurde der kleine Papa aus irgendeinem Grund nicht krank. Stattdessen begann er, Gedichte zu schreiben. Die Gedichte waren natürlich schlecht. Aber in der Schule, in die der kleine Papa ging, schrieb sogar noch nicht einmal jemand schlechte Gedichte. Außerdem lobte die Lehrerin den kleinen Papa immer für sein Vorlesen, obwohl er zu schnell las. Und für seine Aufsätze, auch wenn er eine sehr schlechte Schrift hatte. Und in seinem Mathematikheft schrieb die Lehrerin auf jeder Seite: „Unsauber! Unsauber!“, „Wieder unsauber!“, „Was für ein Geschmiere!“ Das passierte, obwohl der kleine Papa seine Beispiele und Aufgaben richtig gelöst hatte. Die Lehrerin lobte ihn oft, schimpfte aber noch öfter mit ihm.

Am Ende des Schuljahres fand ein Elternabend statt. Nach der Versammlung sagte die Lehrerin zu den Eltern des kleinen Papas:

„Ich bitte Sie, noch ein wenig zu bleiben.“

Und als alle gegangen waren, sagte sie ihnen:

„Ich denke, Ihr Junge ist der beste Schüler der Klasse. Aber er hat viele Schwächen. Seine Schrift ist schlecht. Er macht seine Hausaufgaben sehr nachlässig. Und so ein Geschmiere wie in seinen Schulheften habe ich noch nie gesehen und werde es wohl auch nie wieder sehen. Deshalb habe ich beim Elternabend nichts über ihn gesagt, und bitte Sie sehr, ihm auch zu Hause nichts zu sagen. Sonst wird er zu stolz und korrigiert seine Fehler nicht. Glauben Sie mir, es ist das Beste."

Die Eltern des kleinen Papas stimmten ihr zu und gingen nach Hause. Zu Hause sagten sie dem kleinen Papa nichts. Sie sagten ihm nur, er solle nicht auf jeder Seite so schmieren. Und er sollte versuchen, schöner zu schreiben. Aber das alles hörte der kleine Papa jeden Tag in der Schule. Und er kannte diese Worte auswendig.

„Und was sagte sie noch über mich?"

„Dass du in die vierte Klasse kommst!", antworteten die Eltern gleichzeitig. „Und wir gratulieren dir! Und wünschen dir, dass du noch viel besser wirst!"

Dem kleinen Papa kam nicht einmal in den Kopf, dass er als der beste Schüler galt. Schließlich müssen die Hefte und Lehrbücher des besten Schülers sauber und schön sein. Der beste Schüler sollte die beste Schrift der Klasse haben. Der beste Schüler sollte die Frage der Lehrerin vor allen anderen beantworten. Der beste Schüler kleckert nur einmal im Jahr mit Tinte, und das nur, weil er geschubst wurde. Es ist doch keine Kleinigkeit, der beste Schüler zu sein! Wenn er etwas nicht weiß, kann es niemand wissen. Natürlich konnte der kleine Papa nicht der beste Schüler sein.

Der Sommer war vorbei. Der Herbst kam. Der kleine Papa kam in die vierte Klasse. In dieser Klasse gab es neue Schüler, darunter Aljoscha Iwanow. Er war ein fröhlicher, kräftiger Junge. Er hatte dichtes Haar. Eine ganze Mütze voll mit dichtem kastanienbraunem Haar. Die Haare fielen ihm immer wieder über die Augen. Und er schüttelte ständig den Kopf, damit seine Haare zurückfielen. Aljoscha Iwanow rannte in den Pausen mit allen anderen. Er konnte herumtollen und sogar kämpfen. Aber im Unterricht war er der wirklich beste Schüler. Er war der Beste im Lösen von Aufgaben. Er hob als erster die Hand, wenn die Lehrerin eine Frage stellte. Er konnte gut lesen. Er schrieb gut. Und seine Handschrift war ein wahrer Augenschmaus! Und die Hefte waren so sauber, dass es einfach beängstigend war, sie anzusehen. Und Aljoscha selbst war ein einfacher, guter und fröhlicher Junge. Es war für alle klar, dass er der beste Schüler war. Und auf dem Elternabend sagte die Lehrerin das auch ganz offen. Da waren die Eltern vom kleinen Papa verärgert. Sie kamen traurig und betrübt nach Hause. Und sie sagten sofort zum kleinen Papa:

„Letztes Jahr warst du der beste Schüler, und was ist jetzt?"

So erfuhr der kleine Papa, dass er der beste Schüler gewesen war. Zuerst konnte er es nicht glauben. Und dann wurde er sehr wütend und war beleidigt.

„Warum habt ihr mir nichts gesagt?“, fragte er.

„Damit du nicht zu eingebildet wirst“, antworteten seine Eltern gleichzeitig. „Damit du die Nase nicht zu hoch trägst! Damit es dir nicht in den Kopf steigt! Das hat uns deine Lehrerin geraten.“

Und dann erklärte der kleine Papa:

„Wenn ich gewusst hätte, dass ich der beste Schüler bin, hätte ich mich sehr angestrengt. Natürlich lernt Aljoscha Iwanow am besten. Aber ich hätte versucht, der Zweitbeste zu sein. Oder sogar der Drittbeste. Oder hätte einfach gut gelernt. Aber da man mich betrogen hat, werde ich nie wieder der beste Schüler sein! Und ich werde nicht Zweiter sein. Und Dritter werde ich auch nicht sein. Und ich werde euch nicht betrügen!“

Der kleine Papa sagte die Wahrheit. Er hat die Schule abgeschlossen. Er besuchte eine Technikschule und die Hochschule. Er war nirgendwo der Beste. Er war auch nicht Zweit- oder Drittbester. Dafür aber wurde er nirgendwo mehr betrogen. Und überall wurde ihm ganz direkt gesagt, dass er viel besser lernen könnte…

Wahrscheinlich hatte die Lehrerin recht. Aber der kleine Papa ist immer noch gekränkt.

Als Papa Altstoffe sammelte

Als Papa klein war, sammelte er mit anderen Kindern Altstoffe. Die Kinder wussten, dass man in der Fabrik aus altem Papier und allerlei Lumpen viele neue Schulhefte macht und in der Druckerei neue interessante Bücher druckt. Es ist so schön zu wissen, dass du geholfen hast, zumindest ein Heft oder die Hälfte eines Buches herzustellen. Sogar wenn das Buch nicht besonders interessant ist. Selbst wenn die Hefte kariert sind, für Mathematik, die der kleine Papa nie mochte.

Und Metallschrott! Wenn man weiß, dass aus einem alten durchlöcherten Teekessel, einem kaputten Primus-Petroleumkocher oder einer verrosteten Kasserole eine neue Dampflokomotive gemacht werden kann, ein echter Traktor oder, wenn das auch schrecklich vorzustellen ist, ein echtes Flugzeug, das fliegen kann.

Für so ein Ding wäre es noch nicht einmal schade, einen neuen Primuskocher zu opfern. Jedenfalls wäre dem kleinen Papa und seinen Kameraden für ein Flugzeug nichts zu schade. An vielen Tagen trafen sich die Schüler nach dem Unterricht, gingen durch ihren Bezirk und sammelten Altmetall. Sie klingelten und klopften an die Tür, sie ließen kein einziges Haus aus, kein Treppenhaus und keine Wohnung. Es war für sie lustig, zusammen zu gehen, verschiedene Menschen zu sehen und manchmal sehr merkwürdige Sachen zu bekommen. Man gab ihnen alte Kerzenhalter, kaputte Spielzeuge, Türgriffe, verrosteten Draht, einen Käfig für Kanarienvögel, Bügeleisen und Tablette.

Einmal geschah diese Geschichte.
Der kleine Onkel Witja, Papas Bruder, der auch mit Papa ging, schleppte sich hinter allen Kindern her. Denn er war der Kleinste. Und als alle Kinder auf die Treppe eines Hauses hinunterstiegen, trat eine ältere Frau auf die Treppe.
„Junge, du Junge!“, sagte sie dem kleinen Onkel Witja. „Sammelt ihr Eisen?“
„Nicht nur Eisen“, antwortete Onkel Witja, „wir nehmen auch Kupfer, Stahl und Bronze. Überhaupt Metall. Altes Metall.“
„Klar“, antwortete die Frau, „ruf mal alle Kinder, ich gebe euch sehr viel Metall. Zwar ist es neu, das macht aber nichts.“
Als Onkel Witja, der kleine Papa und alle anderen Kinder in die Wohnung eintraten, staunten sie sehr. Denn die Frau zeigte ihnen ein großes und ganz neues eisernes Bett und sagte:
„Das ist Metall für euch. Holt es schnell ab!“
Die Kinder warfen einander Blicke zu, und der kleine Papa sagte:
„Wir sammeln doch Altmetall. Und das ist ein unversehrtes Bett..“
„Bitte“, sagte die Frau, „ihr könnt es dann zerschlagen...“
Wieder warfen die Kinder einander Blicke zu und begannen, dieses Bett auf die Treppe zu ziehen. Acht Kinder zogen dieses Bett mit Mühe, so schwer war es.
„Also, Kinder“, sagte Wolodja Sacharow, „jetzt kommen wir auf den ersten Platz im Bezirk. Dieses Bett wiegt weiß der Teufel wieviel...“

Als sie das Bett mit Schwierigkeiten auf die Straße zogen und stehen blieben, um Atem zu holen, sagte Schura Ljubkow, Leiter der ersten Pioniergruppe: „Ich denke, wir haben mit diesem Bettchen sogar den Stadtsieg gesichert. Ich weiß nur nicht, wie wir es bis zum Ende hinschleppen...“

Die Besitzerin des Bettes ging mit den Kindern auf die Treppe. Als das Bett aus dem Haus gezogen wurde, lächelte sie fröhlich und sagte zu Onkel Witja, der als letzter ging:

„Vielen Dank..." Sie schwieg kurz und ergänzte: „Das ist das Bett meines Schwiegersohns, mag er sich damit zum Teufel scheren!"

Onkel Witja wunderte sich sehr über diese Worte. Er sagte aber nichts zu den Kindern. Und sie haben irgendwie, ächzend und keuchend, das Bett zu ihrem Klub geschleppt. Am nächsten Tag kam ein Mann mit einem Sack direkt auf den Pioniergrupperat zu und erklärte:

„Gebt mir mein Bett zurück! Meine Schwiegermutter hat es euch gegeben, und jetzt soll ich auf dem Boden schlafen? Das Bett ist doch ganz neu..."

Alle lachten, außer denen, die das Bett geschleppt hatten. Und der Leiter der Pioniergruppe sagte:

„Was müssen wir machen, Kinder? Das Bett muss diesem Bürger zurückgegeben werden. Wir sammeln doch Altstoffe, nicht neue Betten."

Dann sagte Wolodja Sacharow:

„Warum haben wir es denn so weit geschleppt?"

Alle lachten wieder. Und der Bürger mit dem Sack sagte:

„Ich verstehe das natürlich... Nun habe ich hier... auch Altstoffe mitgebracht." Und er zog eine neue Teekanne, ein neues Tablett und zwei nagelneue Bügeleisen aus dem Sack. Dann fragte der kleine Papa:

Sind das Ihre Sachen oder die Ihrer Schwiegermutter?"

Wieder lachten alle und der Pionierleiter sagte:

„Neue Sachen, Genosse, brauchen wir nicht."

Der Schwiegersohn legte alles in den Sack zurück, zerlegte das Bett in Teile und ging weg. Alle schwiegen lange. Dann sagte Wolodja Sacharow ärgerlich:

„Ihn selbst muss man als Altstoff abgeben!"
Und Schura Ljubkow fügte hinzu:
„Zusammen mit der Schwiegermutter!"
Der kleine Onkel Witja sagte dazu leise:

„Mag sie sich zum Teufel scheren!"

Jetzt fingen alle so sehr an zu lachen, dass der Leiter der Pioniergruppe nur noch mit der Hand abwinkte. Noch lange Zeit erinnerten sich der kleine Papa, der kleine Onkel Witja und alle Kinder an diese Geschichte. Noch lange, wenn sie etwas Schweres aufhoben, sprachen sie vor sich hin:
„Das Bett meines Schwiegersohns, mag er sich zum Teufel scheren!"
Auf den ersten Platz im Bezirk kam die Gruppe nicht. Dafür aber auf den dritten. Ohne Bett.

Als Papa an Scharlach erkrankte

Als Papa klein war und zur Schule ging, wurde er eines Tages krank.

Und das war so. Der kleine Papa wachte früh morgens auf. Er musste sich anziehen, sein Gesicht waschen und frühstücken. Er musste zur Schule gehen, aber der kleine Papa wollte sich weder anziehen, noch sein Gesicht waschen, noch zur Schule gehen. Er wollte nicht einmal frühstücken. Er fühlte sich schlecht. Sein Hals tat ihm sehr weh. Sein Kopf tat ihm auch sehr weh. Ihm war mal heiß, mal kalt. Der kleine Papa war krank.

„Zeit zum Aufstehen!", sagte Opa.

„Du kommst wieder zu spät!", sagte Oma.

„Der Hals tut mir weh", sagte der kleine Papa.

„Der Hals?"

„Und mein Kopf. Und mir ist mal heiß, mal kalt."

„So, so", sagte Opa, „und was hast du heute für Stunden?"

„Literatur", sagte der kleine Papa.

„Und was noch?"

„Und auch Mathe, Deutsch und Zeichnen."

„Für mich ist alles klar", sagte Opa. „Dein Hals tut durch Mathe weh und dein Kopf durch Deutsch. Und beim Zeichnen wird es dir heiß und kalt. Du hast dich genug verstellt! Steh sofort auf!"

Der kleine Papa war sehr gekränkt. Tatsächlich, in jenen Tagen, als es noch Mathe- und Deutschunterricht gab, wollte er oft krank sein. Manchmal versuchte er sogar zu flunkern und sagte, dass er Kopfschmerzen

hätte. Und an den Tagen, an denen gezeichnet wurde, wurde dem kleinen Papa morgens heiß und kalt. All das war passiert.

Aber heute brauchte er sich nicht zu verstellen. Heute wusste er, dass er wirklich krank war. Doch Opa und Oma jagten ihn zur Schule und wollten nicht einmal Fieber messen.

„Wenn du von der Schule nach Hause kommst, dann messen wir Fieber“, sagte Opa.

Und Oma fügte hinzu:

„Deine Temperatur ist nicht, war nie und wird nie so normal sein, wie sie ist!“

Als der kleine Papa diese Worte hörte, war er noch gekränkter. Er sagte nichts, stand auf, zog sich an und wusch sich das Gesicht. Er trank einen Tee, sammelte seine Hefte und Lehrbücher ein und ging zur Schule, obwohl er wusste, dass er wirklich krank war.

In der Schule fühlte er sich ganz schlecht. Im Literaturunterricht rief die Lehrerin den kleinen Papa auf. Er musste ein Gedicht vortragen. Aber er las mit einer so rauen Stimme, dass die Lehrerin fragte:

„Was ist los mit dir?“

„Mein Hals tut weh...“, sagte der kleine Papa.

Dann schaute die Lehrerin ihn aufmerksam an und sagte:

„Du bist krank. Geh nach Hause.“

Der kleine Papa packte seine Bücher ein und schleppte sich nach Hause.

Zu Hause wurde endlich Fieber gemessen. Es war so hoch, dass die Eltern des kleinen Papas sofort den Arzt riefen. Dieser Arzt kannte den kleinen Papa gut. Er behandelte ihn schon lange. Und er hatte seine Eltern behandelt, als sie noch klein waren. Er war ein fröhlicher alter Mann, der wie der Weihnachtsmann aussah. Er schaute in Papas Hals und lachte fröhlich.

„Es ist lange her, dass ich ein so stark ausgeprägtes Scharlachfieber gesehen habe!", sagte er lachend.

Als der kleine Papa diese Worte hörte, verstand er sofort, dass es vorbei war.

„Doktor, werde ich sterben?", fragte er.

Der Weihnachtsmann lachte noch ein bisschen mehr als zuvor.

„Du wirst unbedingt sterben",

bestätigte er. „In etwa hundert Jahren".

Und er war so amüsiert, dass er den Atem anhielt, anfing zu husten und sich fast vor Lachen verschluckte. Dieser Doktor war kein dummer Mensch. Er dachte nur, dass ein Arzt nicht nur Krankheiten, sondern auch schlechte Laune behandeln sollte. Deshalb lachte er auch so viel.

Fröhlich lachend rief er einen Krankenwagen, und das Auto mit dem roten Kreuz brachte den kleinen Papa ins Krankenhaus. Als zwei Sanitäter in weißen Kitteln den kleinen Papa auf eine Trage legten und ihn hinuntertrugen, stellte der kleine Papa fest, dass seine Lage ganz schlecht ist.

Man muss sagen, dass er, obwohl er schon zwölf Jahre alt war, das erste Mal die Nacht ohne seine Eltern verbrachte. Dazu war er krank und im Krankenhaus, und irgendein kleines Kind weinte bitterlich in einem halb verdunkelten Zimmer...

Der kleine Papa wollte überhaupt nicht sterben. Und er tat sich selbst so leid, dass auch er leise weinte. Er weinte und weinte und schlief ruhig ein. Als er aufwachte, war es im Krankenzimmer ganz hell. Der kleine Junge, der in der Nacht geweint hatte, schrie jetzt fröhlich und laut etwas und warf dem anderen älteren Jungen einen großen Ball zu. Dieser warf den Ball zurück und lachte auch. Zwei andere Kinder spielten Dame.

Und neben dem kleinen Papa lag ein erwachsener Mann und las Zeitung.

Als dieser Onkel sah, dass der kleine Papa wach war und ihn interessiert ansah, legte er die Zeitung weg und fragte:

„Was muss man sagen?“

„Danke“, antwortete der kleine Papa schnell.

„Keinesfalls!“, sagte der Onkel. Man sagt: „Guten Morgen“.

„Guten Morgen“, sagte der kleine Papa.

„Auch dir einen guten Morgen. Spielst du Dame?“

„Das spiele ich, aber schlecht...“

„Wir wissen, wie schlecht du im Damespiel bist...“, sagte der Onkel und zwinkerte. „Denk daran, in einem Krankenhaus leben die Menschen weiter! Du wirst nicht sterben, bevor du verstirbst! Ist das klar?“

„Klar“, sagte der kleine Papa, und er fühlte sich gleich etwas fröhlicher. Er trank einen Tee, lernte die Kinder kennen und schlief plötzlich wieder ein, als er merkte, dass hier niemand die Absicht zu sterben hat.

Er wurde vom Arzt geweckt, der alle im Krankenzimmer untersuchte. Zu einem kleinen Jungen sagte er: „Bald geht's nach Hause, zu Mami!“ Zum großen Onkel sagte er: „Schnell nach Hause, zu den Kindern!“

Und alle lachten. Und auch der Onkel lachte. Er fand es offenbar komisch, dass er eine Kinderkrankheit hatte und auf der Kinderstation lag. Der Arzt sagte zum kleinen Papa:

„Tut dein Hals weh?“

„Er tut weh“, antwortete der kleine Papa.

„Er tut weh und es geht auch wieder weg“, sagte der Arzt.

Obwohl er keinen Bart trug und gar nicht lachte, glaubte ihm der kleine Papa.

Dann schlief er wieder ein. Im Schlaf tat ihm sein Hals irgendwie weniger weh. Danach begann er auch weniger weh zu tun, wenn er wach war. Und dann fühlte sich der kleine Papa besser. Er freundete sich mit den Kindern an. Jeden Tag spielte er mit ihnen Domino, Dame und Schach. Im Zimmer gab es so viele interessante Bücher. Der große Onkel, dessen Nachname Miljukowskij war, erzählte verschiedene interessante Geschichten. Und obwohl alle Mütter hatten und er eine Frau, schien es dem kleinen Papa manchmal so, als wäre Onkel Miljukowskij auch ein Junge, nur ein großer.

Es war ein ungewöhnlich freundliches und fröhliches Krankenzimmer. Es war nur schade, dass sich alle Kranken erholten und nach Hause gingen. Als auch Herr Miljukowskij ging, weinte der kleine Papa sogar. Aber auch er wurde bald nach Hause entlassen. Natürlich war es zu Hause besser als im Krankenhaus. Aber, wie Herr Miljukowskij sagte, leben auch in Krankenhäusern Menschen. Und werden sogar gesund.

Und dort müssen sie keine Hausaufgaben machen. Und es gibt dort fröhliche Nachbarn. Und in einer guten Gesellschaft ist es sogar angenehm, ein wenig krank zu sein.

Also, nach dieser Geschichte hatte der kleine Papa keine Angst mehr vor dem Krankenhaus. Obwohl es natürlich nicht der lustigste Ort der Welt ist. Und er erinnerte sich noch genau:

Man stirbt nicht, bevor man verstirbt!

Als Papa die Wand hochkletterte

Als Papa klein war und in die Schule ging, kletterte er einmal die Wand hoch. Auch seine ganze Klasse kletterte die Wand hoch.

Das war nicht erstaunlich. Alle mussten die Wand hochklettern. Und wem das nicht gelang, der musste mit Hilfe des Lehrers die Wand hochklettern. Ihr habt vielleicht schon erraten, dass das während des Sportunterrichts geschah. Und dass alle nicht eine einfache Wand hochklettern mussten, sondern an die Sprossenwand. Die Wand, die es in der Sporthalle eurer Schule gibt. Jeder Teilnehmer muss bis nach ganz oben klettern und dann wieder hinunterklettern.

Menschen klettern ganz unterschiedlich die Wand hoch. Jeder macht das auf seine eigene Art. Einige flitzen schnell nach oben und sausen genauso schnell wieder hinunter. Andere kriechen langsam bis zur Decke und kriechen noch langsamer wieder zum Boden. Noch andere steigen langsam hoch und schnell wieder herab. Und manche können überhaupt nicht hochsteigen.

In der Klasse des kleinen Papas stiegen alle Jungen und alle Mädchen die Kletterwand hoch. Allerdings stiegen nicht alle wieder herunter.

Der kleine Papa hatte große Höhenangst. Als er nach oben kletterte, ohne zurückzublicken, war alles gut. Aber als er nach oben kam und nach unten schaute, wurde ihm schrecklich zumute. Er rutschte aus und fiel fast herunter. Dann schloss der kleine Papa die Augen und klammerte sich mit den Händen und Füßen sehr fest an die Wand. Nun stiegen alle hinunter

und stellten sich der Größe nach auf, doch der kleine Papa blieb allein an der Wand. Als der Sportlehrer das sah, wunderte er sich sehr.
„Was für ein Hokuspokus?", schrie er, „steige sofort hinunter!"
„Ich kann nicht...", sagte der kleine Papa leise.
Alle lachten auf. Sie dachten, dass er Spaß macht. Aber er meinte das ernst. Er war nicht zum Spaßen aufgelegt. Der Lehrer ärgerte sich und schrie:
„Steig sofort hinunter, sonst wird es dir schlecht!"
„Mir ist schon schlecht..." sagte der kleine Papa leise.
Wieder lachten alle auf, obwohl er das ernst meinte. Der Lehrer ärgerte sich noch mehr und schrie noch lauter:
„Ich trage dich ins Klassenbuch ein!"
Der kleine Papa wurde sehr traurig und sagte leise:
„Bitte, nicht..."
„Dann steige hinunter!"
„Ich kann nicht."
„Dann trage ich dich ein."
„Nein, bitte."
Der Lehrer schrieb ins Klassenbuch, dass der kleine Papa den Sportunterricht sabotierte. Er sagte dann:
„Ich entferne dich aus dem Sportunterricht! Hörst du?"
„Ich höre", sagte der kleine Papa leise.
„Verlass die Halle!"
„Ich kann nicht..."
„Willst du aus der Schule ausgeschlossen werden?"
„Ich will nicht..."

Dieses Gespräch erinnerte Papa sehr an ein Kinderspiel:

„Hallo."
„Ich kann nicht!"
„Lache."
„Ich will nicht!"
Obwohl es dem kleinen Papa fürchterlich zumute war, lächelte er.
„So, du lachst noch?", fragte der Lehrer.
Der kleine Papa antwortete leise:
„Ja, ich lache."

Er wollte noch sagen, dass es ihm fürchterlich zumute war, auf dieser Höhe zu hängen. Dass er sogar Angst hatte, die Augen zu öffnen, nicht nur herunterzusteigen. Und er lächelt nur, weil er etwas komisch findet. Warum auch sonst? Wenn der kleine Papa damals gewusst hätte, wie viele Probleme er durch diese Gewohnheit haben würde, nämlich zu lachen, wenn etwas komisch ist... So wie auch jetzt. Kaum sagte er „ich lache", lachte die ganze Klasse laut auf. Einige Jungen begannen sogar vor Begeisterung mit den Fäusten aufeinander einzuprügeln. Vergeblich schrie der Lehrer mit aller Kraft:
„Ruhe! Aufhören! Ich trage die ganze Klasse ins Klassenbuch ein!"

Er war ein sehr junger Lehrer. Und er schrie überhaupt sehr viel. Er schrie so laut und die Klasse lachte so laut, dass niemand die Pausenklingel hörte. Als der Schulleiter diesen Lärm hörte und in die Klasse eintrat, bot sich ihm ein solches Bild. Der kleine Papa hing nach wie vor an der Wand, mit vor Angst geschlossenen Augen. Die Klasse lachte sich tot. Der Sportlehrer schrie rot vor Wut:
„Ich bestelle alle Eltern ein! Ich schließe alle von der Schule aus! Ich werfe alle hinaus!"
„Was ist hier los?", fragte der Schulleiter.

Sofort wurde es ruhig. Der Sportlehrer hörte auf zu schreien. Die Klasse hörte auf zu lachen. Als er die leise Stimme des Schulleiters gehört hatte, öffnete der kleine Papa die Augen und stieg, wie im Schlaf, ruhig hinunter. „Bitte, kommen Sie bei mir vorbei“, sagte der Schulleiter ruhig zum Sportlehrer.

Sie gingen beide. Und es passierte nichts mehr, niemand bestellte den kleinen Papa ein, niemand bestellte die Eltern ein. Niemand wurde aus der Schule ausgeschlossen. Nur der Schulleiter drohte dem kleinen Papa in der großen Pause mit dem Finger und machte ein ärgerliches Gesicht. Dann aber lachte er plötzlich auf und ging schnell weg.

Der Sportlehrer schaute den kleinen Papa gar nicht mehr an. Aber alle Kinder merkten, dass er ganz und gar aufhörte zu schreien. Sogar Befehle gab er jetzt mit einer sehr leisen Stimme. Der kleine Papa hörte auf, die Sprossenwand zu fürchten. Als er aber mit seinen Schulkameraden die Wand hochkletterte, warteten alle, dass er wieder die Augen schließt und erstarrt. Es schien, dass darauf auch der Sportlehrer wartete. Auf jeden Fall wandte er sich immer in diesem Moment ab.

Viele Jahre vergingen. Bis jetzt glauben die Schulkameraden des kleinen Papas nicht, dass er damals Angst hatte. Sie denken, dass es einfach tolle Streiche von ihm waren. Heute hat der kleine Papa fast keine Höhenangst mehr. Er flog sogar einige Male mit einem Flugzeug. Aber Züge mag er trotzdem bis heute lieber. Und bis jetzt mag er es gar nicht, wenn man ihn anschreit. Seine Freunde sagen, dass er in solchen Fällen einfach die Wand hochgeht.

Als Papa den Kuchen teilte

Als Papa noch klein war und zur Schule ging, fuhr er im Sommer in ein Pionierlager. Und sein Bruder, der kleine Onkel Witja, fuhr auch in dieses Lager.

Die Kinder im Ferienlager waren freundlich zueinander. Und jeder Tag im Lager war auf seine Weise interessant. Heute halfen sie den Kolchosbauern auf dem Feld. Morgen gingen sie zelten, schliefen im Wald und erzählten sich Gruselgeschichten am Lagerfeuer. Übermorgen gab es einen Wettbewerb mit einem anderen Ferienlager im Laufen, Springen, Schwimmen, im Ping-Pong und Volleyball. Sie gaben zusammen eine Wandzeitung heraus, bereiteten gemeinsam einen Laienkunstabend vor, arbeiteten zusammen, spielten, lasen, sangen. Nur mit der Ruhezeit im Lager klappte es nicht. Niemand wollte tagsüber schlafen. Es machte einfach viel Spaß, zusammen zu sein.

Es war so schön, früh am Morgen aufzuwachen und den Hornisten Borja Wesselowskij zu beobachten, wie er leise aufstand, auf seine Uhr schaute und sein Horn in die Hand nahm. Er zwinkerte denjenigen zu, die bereits wach waren, und spielte ein so starkes „Hoch“, dass alle, die noch schliefen, aus dem Schlaf gerissen wurden. Nur Wolodja Sacharow wickelte sich bis zum Kopf ein und bedeckte sich mit einem Kissen. Wolodja liebte es zu schlafen. Aber der kleine Papa riss ihm die Decke weg, die anderen Kinder zogen ihm das Laken und das Kissen weg, die übrigen kitzelten und zwickten Wolodja. Borja Wesselowskij trat dicht an ihn heran und blies Wolodja mit seinem Horn ins Ohr. Endlich wachte er auf. Der kleine Papa mochte es sehr, wenn jemand später aufstand als er. Zu Hause

war er immer der Letzte, der aufwachte. Aber im Ferienlager, aus welchem Grund auch immer, stand er zusammen mit allen anderen Kindern auf. Er ging mit den anderen zu Bett. Und er las nachts nicht. Das war vielleicht entscheidend.

Manchmal kamen Eltern ins Ferienlager, um nach ihren Kindern zu schauen. Die Kinder im Lager wurden gut mit Essen versorgt. Aber die Eltern brachten ihren Kindern trotzdem etwas Leckeres mit. Und die haben das natürlich nicht abgelehnt. In dem großen Zimmer, in dem der kleine Papa und der kleine Onkel Witja wohnten, gab es außer ihnen noch vierzehn andere Kinder. Insgesamt also sechzehn. Als Schura Ljubkow ein Glas Konfitüre mitgebracht wurde, bekamen alle sechzehn jeweils zwei Löffel dieser Konfitüre. Als Wolodja Sacharow einen großen geräucherten Fisch erhielt, nahm er ein Messer und schnitt ihn in sechzehn Stücke. Und dann fragte er: „Kinder, darf ich den Kopf haben? Ich mag ihn sehr..."

Und die Kinder sagten: „Wenn du ihn willst, nimm ihn."

Eine Tafel Schokolade, ein Apfelkuchen und ein Kohlkuchen wurden in sechzehn Stücke geteilt.

Aber dann kamen die Eltern zum kleinen Papa und zum kleinen Onkel Witja. Sie brachten ihren Kindern zwei Mürbeteigkuchen mit. Sie wussten, dass ihre Kinder diese Kuchen sehr gerne mochten. Und sie waren sehr erstaunt, als der kleine Onkel Witja sagte:

„Wie sollen wir die beiden Kuchen in sechzehn Stücke teilen?"

Und der kleine Papa sagte:

„Es ist ganz einfach: Man schneidet den Kuchen in zwei Hälften, dann noch eine Hälfte und noch eine Hälfte. Das macht sechzehn Stücke."

„Wozu ist das gut?" riefen die Eltern.

„Wir essen alles zusammen", sagte der kleine Papa.

Und der kleine Onkel Witja bestätigte: „Ich habe alles mit allen zusammen gegessen: den Fisch, die Konfitüre, die Kuchen."

„Na gut", sagten die Eltern, das nächste Mal bringen wir sechzehn Kuchen mit. Wenn nicht sechzehn, dann wenigstens acht, so dass jeder mindestens eine Hälfte bekommt. Und die könnt ihr doch alleine essen."

„So geht das bei uns nicht", sagte der kleine Papa.

Und der kleine Onkel Witja sagte: „Ich werfe sie besser weg."

Dann sagten die Eltern:

„Wenn ihr so dumm seid, essen wir die Kuchen selbst. Es gibt zwei davon und wir sind zwei. Jeder von uns bekommt einen ganzen Kuchen."

Natürlich wollten die Eltern ihre Kinder damit nur erschrecken. Aber die Kinder erschraken nicht. Und der kleine Papa sagte: „Ja, bitte, ihr könnt eure Kuchen alleine essen."

Und der kleine Onkel Witja sagte leise: „Esst... Ich werde mich umdrehen..."

Dann sagten die Eltern: „Das war doch ein Scherz. Nehmt eure Kuchen und schneidet sie sogar in hundert Stücke."

„Sechzehn, nicht hundert", sagte der kleine Papa hartnäckig.

Und der kleine Onkel Witja fügte hinzu:

„Aus jedem werden acht."

Am Abend schnitten sie die beiden Mürbeteigkuchen in sechzehn Stücke. Es waren ganz kleine Stückchen. Aber alle sechzehn Kinder aßen diese Kuchen. Und alle waren zufrieden.

Das ist in diesem Fall nichts Besonderes. Aber der kleine Papa erinnerte sich aus irgendeinem Grund daran, und auch der kleine Onkel Witja konnte sich daran erinnern. Weil sie genau das Richtige taten.

Als man Papa hänselte

Als Papa klein war und zur Schule ging, hänselte man ihn dort sehr. Man hänselte auch andere Jungen und Mädchen. Aber die fühlten sich irgendwie weniger gekränkt. Der kleine Papa aber fühlte sich sehr gekränkt. Gerade deswegen war es sehr beliebt, ihn zu hänseln. Man nannte ihn „Professor", weil er eine Brille trug. Man nannte ihn „Poet ohne Kotelett", weil er Gedichte schrieb. Auch nannte man ihn „Schurotschka"*, weil er ein ruhiger Junge war, er schimpfte nicht, prügelte sich nicht und beleidigte Mädchen nicht. Gerade Mädchen gaben ihm den Spitznamen „Schurotschka". Sie wollten ihn damit nicht kränken. Sie sagen zu ihm sehr zärtlich „Schurotschka". Aber die Jungen hörten das und neckten den kleinen Papa, bis er fast in Tränen ausbrach. Sie schrien dieses Wort auf verschiedene Arten, sie miauten und bellten es. Sie schrieben „Schurotschka" an die Tafel. Als ein neuer Lehrer einmal den kleinen Papa fragte: „Wie heißt du?", kreischte die ganze Klasse: „Schurotschka! Schurotschka!" Und alle wälzten sich vor Lachen. Sogar die Mädchen.
Sogar der Lehrer selbst lachte, obwohl er nichts verstand.
Das war für Papa sehr kränkend.

Andere Kinder hatten auch ihre Spitznamen. Man neckte Kolja Stepanow und nannte ihn „Zigeuner"**, weil er gebräunt war, schwarzhaarig, mit schwarzen Augen. Tolja Anders war sehr dick, und man nannte ihn „Kartoffelsack" oder einfach „Sack". Bei einigen wurden Spitznamen aus

---

* Eine Verkleinerungsform von Alexander

** Die deutsche Übersetzung folgt dem in Russland verwendeten Wort „Zigan".

Familiennamen gebildet. Wasja Hasin war „der Hase“, Schura Tauber – „die Taube“.

Igor Naumow spuckte immer aus und prahlte auch gerne, und man neckte ihn so: „Spuck-Lügner“.

Die Mädchen wurden auch geneckt. Sie hatten ihre Spitznamen: „Brüllkuh“, „Dickerchen“, „Nörglerin“ und andere. Das größte Mädchen in der Klasse wurde “Große-dumme-Gans“ genannt, das kleinste „Goldstückchen“. Natürlich gab es in der Klasse einen Jungen mit roten Haaren, Grischa Jachnow, den alle „Rotes Haar – große Gefahr“ nannten.

Alle Jungen und Mädchen gewöhnten sich irgendwie an ihre Spitznamen. Der kleine Papa aber ärgerte sich darüber und fühlte sich gekränkt. Er wollte weder „Professor“ noch „Poet ohne Kotelett“ sein. Auch „Schurotschka“ wollte er nicht sein. Wenn man dieses Wort zu ihm sagte, ärgerte er sich und ging weg. Und er wollte mit diesem Menschen nicht mehr sprechen.

Danach passierte Folgendes. Die Lehrerin des kleinen Papas sprach alle Kinder mit ihren Familiennamen an. Sie kannte auch alle ihre Vornamen. Wenn sie mit einer guten Antwort oder einem guten Aufsatz zufrieden war, sagte sie immer: „Gut, Lisa!“ oder „Heute möchte ich Kolja loben!“ Die Kinder schätzten das sehr. Sie wussten, dass Afanasija Nikiforowna sie nicht umsonst lobte. Auch wussten sie: Wenn sie jemanden kritisierte, dann geschah das immer aus gutem Grund. Afanasija Nikiforowna war ein sehr gerechter Mensch. Und alle diese Spitznamen und Beinamen in ihrer Klasse gefielen ihr überhaupt nicht.

Eines Tages sagte sie zu den Kindern:

„Ich weiß, dass ihr alle Spitznamen habt. Es scheint mir, dass es sehr dumm ist, einen dafür zu hänseln, dass er eine Brille hat oder dass er klein ist. Warum respektiert ihr euch selbst und einander nicht?"

Die Kinder versprachen, alle ihre Spitznamen zu vergessen. Und eine Zeit lang hielten sie ihr Wort.

Aber später konnte man in der Klasse wieder hören: „Zigeuner", „Rotes Haar", "Große-dumme-Gans" und „Nörglerin".

Dann griff Afanasija Nikiforowna zu ihren eigenen Mitteln. Das machte sie so.

Auf einer Elternversammlung sagte sie:

„Sprechen wir nun über die Leistungen ihrer Kinder. Die Nörglerin hat gute Noten in allen Fächern, aber sie plaudert viel beim Unterricht. Der Kartoffelsack ist ein guter Mathematiker. Aber mich stört, wie er liest und schreibt. Er macht dabei viele Fehler. Die große dumme Gans arbeitet in der Klasse gut mit, aber die Hausaufgaben macht sie nachlässig. Das rote Haar ist der beste Zeichner der Klasse, er muss aber mehr vorlesen. Die Brüllkuh und das Dickerchen lösen ihre Aufgaben schlecht. Sie brauchen zusätzliche Mathematikübungen. Ich würde vorschlagen, dass die Taube sie betreut."

Als die Eltern das gehört hatten, wunderten sie sich sehr. Einer rief:

„Ich verstehe nichts!... Was für eine Taube? Wer sind die dumme Gans und die Nörglerin?"

Afanasija Nikiforowna erwiderte:

„All das können sie von ihren Kindern erfahren, die sich diese dummen Spitznamen ausgedacht haben. Solange sie sich gegenseitig so nennen, hören sie von mir weder Namen noch Familiennamen. Die Eltern von Spuck-Lügner bitte ich zu bleiben. Mit ihnen muss ich gesondert sprechen."

Alle Eltern kamen sehr verärgert nach Hause. Sie schämten sich für ihre

Kinder. Sie erzählten, dass Afanasija Nikiforowna die Klasse abgeben will. Das erschrak die Kinder am meisten.

Dann geschah ein Wunder. Niemand hänselte niemanden mehr. Nur den kleinen Papa nannten alle nach wie vor „Schurotschka“. Noch nicht einmal die Lehrerin konnte etwas dagegen tun.

Allmählich gewöhnte er sich daran. Alten Schulkameraden erlaubt er sogar heute noch, ihn „Schurotschka“ zu nennen.

Vor allem den Mädchen erlaubt er das. Denn sie nannten ihn so.

Als Papa die Wahrheit sagte

A Als Papa klein war, konnte er sehr schlecht lügen. Die anderen Kinder konnten das irgendwie besser. Dem kleinen Papa jedoch wurde sofort gesagt: „Du lügst!“ Und man erkannte das immer. Der kleine Papa war sehr überrascht. Er fragte: „Woher wisst ihr das?“ Und alle sagten: „Es steht auf deiner Nase geschrieben“.

Nachdem er das einige Male gehört hatte, beschloss der kleine Papa, seine Nase zu überprüfen. Er ging zum Spiegel und sagte:
„Ich bin der Stärkste, der Klügste, der Hübscheste! Ich bin ein Hund! Ich bin ein Krokodil! Ich bin eine Dampflok!“

Nachdem er das alles gesagt hatte, schaute der kleine Papa lange und geduldig seine Nase im Spiegel an. Auf seiner Nase stand noch immer nichts geschrieben.

Dann beschloss er, dass er noch stärker lügen musste. Während er weiter in den Spiegel schaute, sagte er ziemlich laut:
„Ich kann schwimmen! Ich kann sehr gut zeichnen! Ich habe eine schöne Handschrift!“

Aber auch dieses dreiste Lügen bewirkte nichts. Egal wie lange der kleine Papa in den Spiegel schaute, auf seiner Nase stand nichts geschrieben. Dann ging er zu seinen Eltern und sagte:
„Ich habe viel gelogen und mich im Spiegel betrachtet, aber auf meiner Nase ist nichts zu sehen. Warum sagt ihr dann, dass dort geschrieben steht, dass ich lüge?“

Die Eltern des kleinen Papas lachten sehr über ihr törichtes Kind. Sie sagten:

„Niemand kann sehen, was auf seiner Nase geschrieben steht. Und der Spiegel zeigt das nie. Denn es ist genauso, als würde man sich selbst in den Ellenbogen beißen. Hast du es noch nicht ausprobiert?"
„Nein", sagte der kleine Papa. „Aber ich werde es ausprobieren..."

Und er versuchte, sich in den Ellbogen zu beißen. Er strengte sich sehr an, aber es gelang ihm gar nicht. Und dann entschied er, nicht mehr im Spiegel auf seine Nase zu schauen, sich nicht in den Ellbogen zu beißen und nicht mehr zu lügen. Der kleine Papa beschloss, dass er ab Montag nur noch die Wahrheit sagen würde. Er entschied, dass von diesem Tag an nur die reine Wahrheit auf seiner Nase stehen würde.

Und so kam jener Montag. Als der kleine Papa sich das Gesicht gewaschen und sich zum Teetrinken hingesetzt hatte, wurde er sofort gefragt:
„Hast du deine Ohren gewaschen?"
Und er sagte sofort die Wahrheit:
„Nein."

Denn kein Junge wäscht sich gerne die Ohren. Es gibt einfach zu viele dieser Ohren. Zuerst sollst du das eine Ohr waschen, dann das andere. Und abends sind sie trotzdem wieder schmutzig. Aber die Erwachsenen verstehen das nicht. Und sie schrien:
„Eine Schande! Sauerei! Sofort die Ohren waschen!"
„Bitte...", sagte der kleine Papa leise.
Er ging hinaus und kam sehr schnell wieder zurück.
„Hast du dir die Ohren gewaschen?"
„Ja, das habe ich", sagte er.
Und dann wurde ihm eine völlig überflüssige Frage gestellt:
„Beide oder nur eines?"

Und der kleine Papa antwortete wahrheitsgemäß:

„Das eine..."

Und schon wurde er weggeschickt, um auch das andere Ohr zu waschen.

Dann fragte man ihn:

„Hast du deinen Lebertran getrunken?"

Und der kleine Papa sagte die Wahrheit: „Das habe ich."

„Einen Teelöffel oder einen Esslöffel?"

Bis zu diesem Tag antwortete der kleine Papa immer: „Einen Esslöffel", obwohl er nur einen Teelöffel trank. Jeder, der schon einmal Lebertran probiert hat, muss ihn verstehen. Und das war die einzige Unwahrheit, die nicht auf seiner Nase geschrieben stand. Jeder glaubte dem kleinen Papa. Zumal er den Lebertran immer erst in einen Esslöffel schüttete, dann in einen Teelöffel und den Rest zurück in die Flasche goss. Und alle waren zufrieden.

„Einen Teelöffel...", sagte der kleine Papa. Denn er hatte beschlossen, nur die Wahrheit zu sagen. Und dafür bekam er einen weiteren Teelöffel Lebertran.

Man sagt, dass es Kinder gibt, die Lebertran lieben. Habt ihr jemals solche Kinder gesehen? Ich habe noch nie welche getroffen.

Der kleine Papa ging zur Schule.

Und auch dort war es für ihn kein Zuckerschlecken.

Die Lehrerin fragte:

„Wer hat heute seine Hausaufgaben nicht gemacht?"

Alle schwiegen. Nur der kleine Papa sagte die Wahrheit:

„Ich habe sie nicht gemacht."

„Warum nicht?", fragte die Lehrerin.

Er hätte natürlich sagen können, dass ihm der Kopf wehtäte, dass ein Feuer ausgebrochen wäre, dass es ein Erdbeben gegeben hätte, und dann... Nun, er hätte auch etwas flunkern können, obwohl das normalerweise wenig hilft.

Aber der kleine Papa hatte doch beschlossen, nicht zu lügen. Und er sagte die reine Wahrheit:

„Ich habe Jules Verne gelesen..."

Und dann lachte die ganze Klasse.

„Nun gut", sagte die Lehrerin, „ich werde mit deinen Eltern über diesen Schriftsteller sprechen müssen."

Alle lachten wieder, aber der kleine Papa wurde traurig.

Am Abend kam eine Tante zu Besuch. Sie fragte den kleinen Papa:

„Magst du Schokolade?"

„Sehr sogar," sagte der ehrliche kleine Papa.

„Und magst du mich?", fragte die Tante mit süßer Stimme.

„Nein", sagte der kleine Papa, „ich mag Sie nicht".

„Warum nicht?"

„Erstens haben Sie eine große schwarze Warze auf der Wange. Und zweitens schreien Sie oft, und ich denke immer, dass Sie fluchen."

Was soll ich lange erzählen? Der kleine Papa bekam keine Schokolade. Und die Eltern des kleinen Papas sagten ihm dies:

„Natürlich ist es nicht gut, zu lügen. Aber immer und unbedingt die Wahrheit zu sagen, gehört sich auch nicht. Denn es ist nicht die Schuld der Tante, dass sie eine Warze hat. Und wenn sie nicht leise sprechen kann, ist es zu spät für sie, das noch zu lernen. Und da sie zu Besuch kam und Schokolade mitbrachte, durfte man sie nicht beleidigen."

Und der kleine Papa war ganz verwirrt, denn manchmal ist es sehr schwer, das zu verstehen: Soll man die Wahrheit sagen oder besser nicht? Doch schließlich entschied er sich, die Wahrheit zu sagen.

Und seitdem bemühte sich der kleine Papa sein ganzes Leben lang, niemals jemanden anzulügen.

Er bemühte sich immer, nur die Wahrheit zu sagen. Und oft bekam er dafür etwas Bitteres statt etwas Süßes. Noch heute sagt man ihm, wenn er lüge, stehe es ihm auf der Nase geschrieben. Nun gut. Geschrieben ist geschrieben. Dagegen kann man nichts tun.

Als Papa die Wandzeitung herausgab

Als Papa ein kleiner Pionier war, wurde er zum Redakteur der Wandzeitung gewählt. Wahrscheinlich, weil er eine Brille trug und Gedichte schrieb.

Denn ein echter Redakteur trägt immer eine Brille. Und wenn er heute keine Gedichte schreibt, schrieb er sie, als er etwas jünger war. Obwohl nicht jeder Redakteur sich das eingesteht. Der kleine Papa wurde einstimmig zum Redakteur gewählt. Dazu wurden noch vier Pioniere in die Redaktion gewählt. Auch einstimmig.

Als die Redaktion sich zum ersten Mal versammelte, sagte der kleine Papa:

„Kinder! Ich bin der Vorsitzende der Redaktion! Aber ich kann krank werden. Ich kann hinfallen und mir das Bein brechen. Ein tollwütiger Hund kann mich beißen. In einem Wort, wir müssen meinen Stellvertreter wählen! Ich schlage Schura Ljubkow vor. Wer ist dafür? Einstimmig. Ljubkow, du bist jetzt mein Stellvertreter!"

Dann stand Schura Ljubkow auf und sagte:

„Kinder! Ich kann auch krank werden. Oder unter eine Straßenbahn geraten. Außerdem haben wir eine Katze. In einem Wort, ich finde, dass ich auch einen Stellvertreter haben muss. Ich schlage Wolodja Sacharow vor. Wer ist dafür?"

Wolodja Sacharow wurde auch einstimmig gewählt.

Zwar schrie dieser auch, dass auf ihn ein Ziegel vom Dach fallen kann, aber niemand mehr hörte ihn.

Der kleine Papa sagte: „Kinder! Also, wenn ich krank werde, wird Ljubkow mein erster Stellvertreter. Wenn ich und auch Ljubkow krank werden, wird Wolodja Sacharow, mein zweiter Stellvertreter, der Chefredakteur. Wenn Ljubkow krank wird, ich aber nicht, wird Sacharow mein erster Stellvertreter. Das ist alles!“

„Wie, alles?“, fragte Jura Marachowskij aus der zweiten Pionierbrigade, „und wer wird der Sekretär?“

„Du!“, schrien einmütig alle.

„Warum denn ich?“, fragte Jura Marachowskij, „warum nicht er?“. Und Jura zeigte auf Sascha Trubkin, das letzte Mitglied der Redaktion.

„Denn Trubkin ist Zeichner“, sagte der kleine Papa. „Er wird zeichnen. Keine Fragen mehr?“

„Ich habe eine“, sagte Trubkin. „Ja“, sagte er gekränkt, „ihr alle sterbt, und ich muss für euch arbeiten? Bin ich schlechter als ihr alle?“

„Genug!“, sagte der kleine Papa.

„Schluss damit, Trubkin!“, sagte der erste Stellvertreter.

„Sascha, genug“, sagte der zweite Stellvertreter.

Erst dann schwieg Trubkin.

„Kinder“, sagte der kleine Papa, „jetzt müssen wir uns den Namen der Zeitung ausdenken. Ich schlage vor: „Rotes Pionierhalstuch“. Wer ist dafür?“

„In allen Pioniergruppen heißt die Zeitung „Rotes Pionierhalstuch“, sagte Ljubkow.

„Was schlägst du vor?“, frage der kleine Papa.

„Ich schlage nichts vor, sondern ich sage...“

„Man muss nichts sagen, sondern etwas vorschlagen. Also, Kinder, welche Vorschläge gibt es noch?“

„Der große Bär“, sagte Wolodja Sacharow.

Die ganze Redaktion wälzte sich vor Lachen.

„Warum denn plötzlich der Bär?“

„Weil das ein Sternbild ist. Hoch und schön“

„Zu hoch... Marachowskij, deine Meinung?“

„Ich würde sie einfach so nennen: „Die Wandzeitung der Pioniergruppe Nummer 93 bei...“

„Danke, Marachowskij! Du kannst das nicht fortsetzen. Du, Trubkin?“

„Was?“

„Wie würdest du die Zeitung nennen?“

„Ich?“

„Du!“

„Die Zeitung?“

„Die Zeitung!“

„Ich weiß nicht... Meine Sache ist, zu zeichnen...“

„So. Danke, Trubkin! Also, Kinder. Machen wir es so: Jeder denkt über den Namen nach, am nächsten Mittwoch treffen wir uns wieder. Für heute ist das alles, Kinder!“

Am nächsten Mittwoch wurden folgenden Namen für die Zeitung vorgeschlagen:

„Rotes Pionierhalstuch“ (der kleine Papa)

„Die Pionierstimme“ (Ljubkow)

„... und der Pionierin“ (Marachowskij)

„Der kleine Bär“ (Sacharow. Er meinte damit ein Zugeständnis zu machen.)

„Unser Bleistift“ (Trubkin. Er wusste nicht, dass man ihn viele Jahre damit

ZEITUNG
ГАЗЕТА

necken würde).

Jeder blieb bei seinem Namen. Keiner konnte jemanden überzeugen. Man entschied, die Frage auf den nächsten Mittwoch zu verschieben.

Jetzt geschah eine schreckliche Geschichte. Das einzige Mitglied der Redaktion, das keine Stellvertreter hatte, wurde krank, der Zeichner Sascha Trubkin. Gewiss, man konnte auch für ihn einen Stellvertreter finden. Der kleine Papa öffnete bereits den Mund, um dies vorzuschlagen.

Er erinnerte aber daran, dass niemand sonst aus der Redaktion zeichnen kann, und der kleine Papa schloss schnell den Mund. Dann aber öffnete er ihn wieder und sagte:

„Kinder, wir haben jetzt keinen Zeichner und auch keine kleinen Beiträge. Niemand will etwas schreiben. Einer sagt: Ich kann nicht, der andere: Ich mache das nicht, der dritte sagt überhaupt nichts. Ich bin am Ende. Und wie ist bei euch?"

„Genauso...Niemand schreibt", sagte die ganze Redaktion im Chor.

„Letztendlich", sagte der kleine Papa leise, „könnte die Zeitung ohne Namen sein..."

„Und ohne Beiträge..." sagte Ljubkow finster. Niemand lachte. Alle verstanden, dass es so überhaupt keine Zeitung wird.

Plötzlich klopfte jemand sehr vorsichtig an die Tür. „Komm herein", sagte der höfliche Jura Marachowskij. Das Mädchen Anja trat ins Zimmer. Sie war seit kurzem in der Pioniergruppe. Ein gewöhnliches Mädchen. Aber plötzlich sprach diese Anja mit einer gewöhnlichen Stimme ungewöhnliche Worte aus.

Das ist eine Überschrift..." sagte sie und rollte ein großes Blatt Papier aus. Die Redaktionsmitglieder kniffen sogar die Augen zusammen. Es schien ihnen, dass sie schlafen und einen wundervollen Traum sehen.

Auf eine solche Überschrift wäre sogar Trubkin stolz.
„Grischa sagte mir, dass ich euch helfen muss“, sagte Anja leise. „Ich habe in meiner alten Pioniergruppe für die Wandzeitung gearbeitet. Und ich habe Beiträge gesammelt, aber wenige... nur vier...“
„Wie viele?“, frage der kleine Papa im Flüsterton.
„Vier. Meine und noch drei. Die Mädchen haben nicht mehr geschrieben, und eure Jungen kenne ich noch gar nicht...“
„Nicht schlimm“, sagte der kleine Papa, „Jungen schreiben auch noch. Gerade jetzt. An diesem Tisch. Und morgen hängen wir die Zeitung aus.“
Niemand stritt mit ihm. Und am nächsten Tag hing die Zeitung „Rotes Pionierhalstuch“ (niemand stritt über diesen geschriebenen Namen) an der Wand. Jedes Redaktionsmitglied schrieb einen Beitrag. Der kleine Papa verfasste sogar das Gedicht „Wer wovon träumt“. Darin standen auch diese Zeilen:

Es träumt die Redaktion der Zeitung
(Und merkt sie das für lange Zeit):
Um eine Zeitung nun zu schaffen
Man muss dann wirklich etwas machen

Die Wandzeitung gefiel allen.

Anja wurde in die Redaktion aufgenommen. Trubkin wurde gesund. Und die nächste Ausgabe machten alle zusammen, schnell, freundschaftlich und fröhlich. Und die Beiträge schrieb die ganze Pioniergruppe.

Als Papa vom Balkon sprang

Als Papa ein kleiner Pionier war, ist ihm in einem Pionierlager diese Geschichte passiert.

Das Pionierlager befand sich in der Nähe von Moskau. Die Jungen und Mädchen waren in einem Schulgebäude untergebracht. Im ersten Stock gab es einen Balkon. Eines Abends sagte Schura Ljubkow auf dem Balkon zu Wolodja Sacharow:

„Du bist zu feige, von diesem Balkon zu springen!“

„Und du bist nicht zu feige?“, fragte der kleine Papa.

„Ich könnte das und bin nicht feige. Aber ihr alle seid feige!“

„Ich bin doch nicht nur vom Balkon gesprungen“, sagte Trubkin verächtlich, „ich bin von einem Fallschirmturm gesprungen.“

„Du bist vom Turm gesprungen, aber du bist zu feige, vom Balkon zu springen!“

„Und warum sollte ich vom Balkon springen?“, fragte Wolodja Sacharow.

„Wenn es ein Feuer gäbe... Eine Art Feuer... Das könnte ich noch verstehen.“

„Wolodja, willst du, dass ich ein Streichholz anzünde und du springst? Traust du dich?“, sagte Tanja Pawlowa, das waghalsigste Mädchen der Gruppe.

„Zu feige, zu feige“, riefen die Kinder.

„Und du bist nicht zu feige?“ fragte Wolodja.

Und alle schrien Tanja an: „Zu feige, zu feige!“

Der kleine Papa sah, dass Tanja blass wurde und sich auf die Lippe biss.

„Kinder!", sagte der kleine Papa. „Sie kann wirklich springen. Das ist sowieso albern."
„Es ist albern, dass ihr alle so prahlt", sagte Tanja Pawlowa.
„Und ich bin auch ein Angeber?", fragte Sacharow wütend.
„Du bist der allergrößte Angeber und ein Feigling!", sagte Tanja ärgerlich.
Dann sah der kleine Papa, dass Sacharow errötete und richtig wütend wurde.
„In Ordnung", sagte er, „lasst mich ein Angeber und Feigling sein. Aber ich bin es, der springen wird, nicht du."
„Du bist zu feige", sagte Tanja und wedelte verächtlich mit der Hand.

Dann trat Sacharow entschlossen nach vorne und stellte sich an das Balkongeländer. Er lehnte sich mit dem Rücken gegen das Geländer und es knarrte.
„Heißt das, ich bin feige?" fragte er leise.
„Natürlich bist du feige", sagte Tanja genauso leise.
„Wolodja!", sagte der kleine Papa. „Ich dachte, du wärst schlauer."
„Habt keine Angst", sagte Tanja. „Er wird nicht springen. Er ist schlau."
„Ich bin schlau", wiederholte Sacharow und stellte sich auf das Geländer. Das Geländer knarrte noch lauter.
„Wolodja!", riefen alle außer Tanja.
„Hört her!", sagte Sacharow, auf dem knarrenden Geländer stehend. Er hielt sich mit einer Hand am Pfosten fest. „Jetzt springe ich. Ich bitte euch, niemanden für meinen Tod verantwortlich zu machen, außer Tanja Pawlowa. Achtung! Eins! Zwei! Drei!"
Der kleine Papa schloss vor Schreck die Augen.
„Ich springe!", hörte er. Das Geländer knarrte erneut. Etwas Schweres fiel auf den Boden. Es herrschte Totenstille.

Der kleine Papa öffnete seine Augen. Alle um ihn herum brachen in Gelächter aus. Auf dem Boden saß ein lachender Wolodja Sacharow. Er lachte und sprach:
„Ich sagte, ich würde springen, und ich bin gesprungen. Aber wohin – das war meine Sache."
Nur Tanja lachte nicht. Als das Gelächter verstummte, sagte sie:
„Ich wusste es. Wichtigtuer, Wichtigtuer, Wichtigtuer!"

Als sie das gesagt hatte, sprang Tanja Pawlowa einfach über das Geländer. Der kleine Papa erinnert sich noch heute an sie, wie sie dort stand, schlank, flink, mit ihrer weißen Bluse und der blauen Sporthose. Sie stand genau eine Sekunde lang so da. Dann sprang sie, ohne etwas zu sagen, einfach herunter. Sie federte perfekt, ging in die Knie, konnte sich aber nicht auf den Beinen halten und stürzte ins Blumenbeet. Dann ertönte ein lauter Schrei, und auf der Treppe war ein Trampeln zu hören. Alle Kinder stürmten in den Garten. Die einzigen, die noch auf dem Balkon blieben, waren Wolodja Sacharow und der kleine Papa. Wolodja saß auf dem Boden und hatte große Augen. Der kleine Papa sah ihn schweigend an.

Eine Zeit lang schwiegen sie.
Wolodja öffnete und schloss mehrmals den Mund. Dann sagte er nur ein Wort:
„Gesprungen..."
Und der kleine Papa wiederholte wie ein Papagei:
„Gesprungen..."

Unten riefen die Kinder „Werfen wir sie in die Luft!" und stürmten zu Tanja. Sie hoben sie aus dem Blumenbeet und begannen sie in die Luft zu werfen. Und sie flog glücklich nach oben und wiederholte immer wieder:
„Ich bin nicht feige, nicht feige..."

Ja", sagte der kleine Papa", sie ist nicht feige. Aber du bist schwach..."

Wolodja Sacharow sagte nichts.

„Und ich bin auch feige", sagte der kleine Papa, um ihn zu trösten. Und er kletterte ganz vorsichtig auf das knarrende Geländer. Und er hielt den Pfosten ganz fest in der Hand. Er hatte überhaupt nicht die Absicht zu springen. Er wollte sich nur klar vorstellen, wovor Wolodja Angst hatte und wovor Tanja keine Angst hatte. Und er stellte sich das sehr genau vor. Der kleine Papa wollte wieder herunterklettern. Er hatte bereits begonnen, hinunterzuklettern. Doch dann erschien unten Grischa Ermakow, der Pionierleiter. Er sah den kleinen Papa und erschrak. Und er rief laut:

„Was machst du denn da? Runter jetzt!"

Der kleine Papa machte eine hastige Bewegung. Er wollte hinunter auf den Balkon springen. Doch das alte Geländer knarrte zum letzten Mal. Es hatte genug von dem Tag und konnte das nicht mehr ertragen. Und Wolodja war der Einzige, der noch auf dem Balkon stand. Der kleine Papa stürzte mitsamt dem Geländer ins leidgeprüfte Blumenbeet und zerstörte es endgültig. Bis heute kann der kleine Papa nicht verstehen, wie er unverletzt geblieben ist und warum er sich nicht Arm oder Bein gebrochen hat. Schließlich ist er gar nicht gesprungen, sondern nur gefallen. Er fiel aus dem ersten Stock. Natürlich war er schwer geprellt und mit blauen Flecken und Kratzern übersät.

Aber Tanja Pawlowa sagte vor allen anderen zu ihm:

„Gut gemacht!"

Niemand glaubte dem kleinen Papa, dass er aus Versehen gestürzt war. Und sogar Wolodja Sacharow, der dem Pionierleiter sagte, er habe das Geländer selbst fallen gesehen, glaubte dies nicht.

„Gib es zu", sagte er zum kleinen Papa, „du konntest ja auch auf den Balkon fallen. Wie ich… Nein, du und Tanja waren großartig! Sie ist aus Prinzip gesprungen. Und du hast es aus Prinzip getan. Damit die Mädchen nicht übermütig werden. Sie hatte Recht, als sie sagte, ich wäre ein Angeber."

Am nächsten Tag tagte der Gruppenrat. Tanja Pawlowa und der kleine Papa erhielten jeweils einen strengen Verweis mit einer letzten Verwarnung. Am Abend warfen die Kinder den kleinen Papa in die Luft. Und er schämte sich sehr. Er rief:

„Ich bin doch gefallen, ich bin gefallen!"

Aber niemand glaubte ihm. Und dann wurde dem kleinen Papa eines klar: Wenn man ausgeschimpft wird, will man immer streiten. Und wenn man gelobt wird, will man nicht streiten. Also hörte er zu, wie sie ihn lobten. Aber er war nicht froh.

Seitdem vergingen viele Jahre. Der kleine Papa erlebte alles Mögliche. Er wurde ausgeschimpft und gelobt. Aber glaubt mir, Kinder, es gibt nichts Schlimmeres und Verletzenderes, als für etwas gelobt zu werden, was man gar nicht getan hat. Da ist es besser, ausgeschimpft zu werden!

Das verstand der kleine Papa noch im Pionierlager, als er in die Luft geworfen wurde. Erinnert euch auch daran! Und springt nicht umsonst aus dem ersten Stock. Und springt auch nicht aus dem zweiten Stock!

Von den Übersetzern

Dieses Buch ist die Fortsetzung des Buches „Als Papa klein war“ aus dem Jahr 2021 (ISBN 978-3-98527-255-6). Die russische Originalausgabe aus den Sechzigerjahren bestand aus drei Teilen: „Als Papa klein war“, „Als Papa zur Schule ging“ und „Neue Erzählungen vom kleinen Papa“. In unserem ersten Buch haben wir nur den ersten Teil übersetzt. In dem Buch, das Sie jetzt in den Händen halten, haben wir die restlichen zwei Teile übersetzt. Damit ist das russische Original vollständig ins Deutsche übersetzt.

„Als Papa klein war“ ist in Russland ein Kinderbuchklassiker. Das Buch eignet sich für Kinder ab dem Grundschulalter, aber richtet sich auch an deren Eltern und Großeltern, die eine Zeitreise in ihre eigene Kindheit erleben möchten.

Die Sammlung der Geschichten entstand, als Sascha, die Tochter des Schriftstellers Alexander B. Raskin, krank war. Um Sascha von ihrer Krankheit abzulenken, fing Raskin an, sich an lustige Ereignisse aus seiner eigenen Kindheit zu erinnern. Dabei geht es um Situationen, die jedem Kind vertraut sind. Am Ende jeder Geschichte meistert der kleine Papa die Situation und zieht daraus Schlüsse für sein Leben.

Der Autor Alexander Raskin (1914-1971) wurde in Vitebsk geboren. Er lebte und arbeitete danach viele Jahre in Moskau. „Als Papa klein war“ ist seine bekannteste Veröffentlichung. Außerdem schrieb er mehrere Bücher und Filmdrehbücher.

Dieses Buch konnte dank der Unterstützung der Tochter des Autors, Aleksandra (Sascha) Raskina erscheinen, der wir herzlich danken. Unser besonderer Dank gilt der Illustratorin Elena Schneidermann für die fabelhafte Gestaltung des Buches.

Dr. Andreas Biegel & Dr. Michael Schneidermann

Köln, im März 2022